純粋法学雑感

小 山 勝 義

ブイツーソリューション

はしがき

　学才のない筆者ができることと言えば、気ままに著名な先生方が書いた論文や著書を読んでは、「この主張は、ちょっとおかしいぞ」、「その理解は、違うんじゃないか」などと疑問に感じたことを学術論文風にまとめることぐらいである。それは、あくまでも「学術論文風」に書かれているが、読めばすぐに分かるように、その実体は、自分の言いたいことを書いただけの「雑感」にすぎない。

　本書は、こうした雑感のうち、ハンス・ケルゼンの純粋法学に関するもの3編を収めている。「雑感」とはいえ、問題提起としては、十分な役割を果たしていると自負している。

　万が一、本書が今後の純粋法学研究に少しでも役立つことがあれば、望外の喜びである。

平成28年3月

筆　者

目　次

はしがき

第1章　純粋法学における「純粋」の意味　　　　　1

第2章　純粋法学と形式的意味の憲法　　　　　　　20

第3章　根本規範論に関する二つの問題　　　　　　52

第1章　純粋法学における「純粋」の意味
──亀本教授の純粋法学批判に反論する──

I　はじめに

　ハンス・ケルゼンの主著『純粋法学第二版』が出版されたのは、1960年である。それから半世紀以上経過した 2014 年、ようやく同書が我が国におけるケルゼン研究の第一人者、長尾龍一教授の手によって邦訳された[1]。誠に喜ばしいことである。それまでにもケルゼンの著作は数多く邦訳されてきたにもかかわらず、また、ケルゼンの著作の中でも最も頻繁に引用されている最重要書であるにもかかわらず、同書はなかなか邦訳されなかった。その理由の一つは、その栄誉はそれにふさわしい者の手に与えられるべしという暗黙の了解が学界にあったからであろう[2]。

　ケルゼン自身が言うように、純粋法学はさまざまな方面から批判された[3]。また、現在でも、純粋法学にたくさんの価値ある議論があること自体は決して否定されることはないにしても、どちらかというと純粋法学は批判の対象として取り上げられることが多いように思われる。しかし、大塚滋教授の言うように、純粋法学批判の多くは、「純粋法学にとっては痛くも痒くもないものであるにもかかわらず、本人はそれで純粋法学を批判し去ったと勝手に思い込んでいるにすぎない[4]」かも

---

[1]　ハンス・ケルゼン（長尾龍一訳）『純粋法学第二版』（岩波書店、2014年）
[2]　尾吹善人教授は、1974年の時点で、『法と国家の一般理論』と『純粋法学第二版』が「能力と責任感のある人の手」で邦訳されることを切望していた（尾吹善人『憲法の基礎理論と解釈』（信山社、2007年）24頁）。その後、1991年、尾吹教授は、自らの手で『法と国家の一般理論』（木鐸社、1991年）を邦訳している。
[3]　参照、ケルゼン、前掲書、v頁（第1版序文）。
[4]　大塚滋『説き語り法実証主義』（成文堂、2014年）6頁。

しれない。

　しかし、ある批判が「純粋法学にとっては痛くも痒くもないもの」であったとしても、その批判が学界や学生に一定の影響力をもつ研究者の手によって行なわれる場合、その批判が正しいものとして受け止められてしまう可能性は十分にある。それがたとえ一時であったとしても、その弊害は計り知れない。そのような事態の発生を防止するためには、「純粋法学にとっては痛くも痒くもないもの」であっても、そうした批判から随時純粋法学を擁護しておくことが必要である。

　比較的最近行われた純粋法学批判の中で、「純粋法学にとっては痛くも痒くもないもの」の例として、2000年の亀本洋教授の論文「ケルゼンの純粋法学の不純性」[5]（以下「亀本論文」という。）が挙げられる。亀本論文は、純粋法学の「不純性」を指摘することをもって、純粋法学を全面的に否定しようとするものにほかならないが、純粋法学にあまり精通していない私の目から見ても、その立論は独善と偏見に満ちているように思われた。そのために、純粋法学に精通している者は、あえて亀本論文に反論するを要しないと判断しているのかもしれないが、私としては、亀本教授が一流の学生が集う大学で法哲学を教授する研究者であるだけに、先に示した理由により亀本論文から純粋法学を擁護しておく必要があると感じた次第である。

　本章の目的は、亀本論文が「純粋法学にとっては痛くも痒くもないもの」であることを明らかにし、もって純粋法学を擁護することにある。

II　実定法の一般理論の性格

　亀本教授は、2000年の「小渕首相の緊急入院にともなって、首相による明確な指示もないまま行われた青木官房長官の首相臨時代理就任

---

[5]　亀本洋「ケルゼンの純粋法学の不純性」法律時報72巻8号190頁以下。亀本洋『法的思考』（有斐閣、2006年）416頁以下所収。引用は、同書から行う。

は法的に有効か否か」等の問題について、「ケルゼンならば……有効であると答えそうである[6]」と述べた後、「もちろん、純粋法学は、実定法一般の理論であって、特定の国の実定法を対象とする理論ではないから、日本国の法律問題にそもそも答える能力はない、というのが純粋法学の純粋性に忠実な解答であろう[7]」と述べている。

しかし、果たしてそうであろうか。私は、亀本教授とは正反対に、純粋法学は各国で生起する法律問題（法解釈問題を除く[8]）に答える能力があると考えている。亀本教授も私も等しく「純粋法学は実定法一般の理論である」ことを根拠にしながら、純粋法学は各国の法律に問題に答える能力があるか否かという問題に対して全く正反対の解答を出すのは、そもそも実定法の一般理論（ないし一般法学）の目的、性格、役割、任務等について、亀本教授と私との間に見解の相違があるからにほかならない。亀本教授が実定法の一般理論の目的等についてどのように考えているかについては、特に教授は何も述べていないから、不明であるが、ケルゼン自身は、実定法の一般理論である純粋法学の目的等について、次のように説明している。

「純粋法学は、実定法の理論、すなわち法の一般理論であり、特別な法秩序の提示または解釈ではない。法の名の下で生起する全ての現象の比較から、それは、法それ自体の性質を発見しようとする、すなわち、法が異なる時代に異なる人々の間に示す、変化する内容とは関係なく、法の構造及び典型的形式を決定しようとする。このやり方で、純粋法学は、それを利用することでどの法秩序も理解され得るところの基本的原理を引き出す。理論として、その唯一の目

---

[6] 亀本、『法的思考』、416 頁。
[7] 同頁。
[8] ケルゼンによると、法はその中にいくつの適用可能な意味を持つ枠であって、法解釈に唯一正しい解答はない。参照、ケルゼン、前掲書、339 頁以下。

的はその対象を知ることである[9]」。

　このような叙述から私が理解するところは、こうである。科学が自然の性質を探求するように、実定法の一般理論は実定法そのものの性質を探求する。科学が世界各地で起こる自然現象を説明しようするように、実定法の一般理論は世界各地で起こる法現象を説明しようとする。自然科学と実定法の一般理論は、その認識対象に相違があるものの、認識対象を説明し、記述しようとするという点では、同じである[10]。別言すると、実定法の一般理論は、過去及び現在のいかなる法及び法秩序にも当てはまる法の一般的性質を発見しようとするものである。ケルゼンは「実定法の構造分析[11]」という言葉を使用するが、それは法の一般的性質の解明と同義であると私は理解している。そして、純粋法学は、このような実定法の一般理論を「純粋」に——この意味については、次節で検討する——構築しようとするものである。

　ところで、大塚教授によると、純粋法学は、静態理論においては「＜

---

[9] Hans. Kelsen, *What is Justice? Justice, Law, and Politics in the Mirror of Science*, University of California Press, 1957, p. 266.

[10] ケルゼンは、「自然科学は、『である』命題でその対象、すなわち自然を記述する。法学は、『であるべき』命題でその対象、すなわち法を記述する」(Kelsen, *op. cit.*, p. 269.)という。しかし、法の性質を記述する命題は「である」命題である。例えば、「法は（客観的）当為である」——これは「水は水素と酸素の化合物である」と同類の命題である——とか、「法は、実効性法を喪失するとき、妥当性をも喪失する」——これは「ある金属は熱せられれば膨張する」と同類の命題である——とかの理論は、「である」命題である。これに対し、法の内容を記述する法命題は、「であるべき」命題である。この命題は、一つの法の内容を記述する場合と、あまり適切な表現ではないかもしれないが、法秩序の普遍的内容又は強制規範を構成する一切の法の内容を極度に抽象化して記述する場合の二種類がある。私見では、法学の中心は、法の性質を「である」命題で記述することであって、法の内容を「であるべき」命題で記述することではない。

[11] ケルゼン、(尾吹訳)『法と国家の一般理論』、6頁。ケルゼン、(長尾訳)『純粋法学第二版』、184頁。Kelsen, *op. cit.*, p. 293.

権威＞の内側に置かれた視点……具体的には、裁判官の視点[12]」から、動態理論においては「＜権威＞の外側[13]」の視点から、その理論を展開するものである。また、森村進教授によると、純粋法学は「裁判官に代表される国家機関の視点[14]」から実定法を見たものである。

　しかしながら、両教授の見解には賛成できない。純粋法学は、今述べたように、自然科学と同様に、その対象である実定法の性質を客観的に認識しようとするものであるから、その任務を遂行するに最も適した視点は法秩序の外側から見る観察者の視点であって、法秩序の内側から見る法当事者（法適用者及び法服従者）の視点ではない。すなわち、純粋法学は、法秩序を所与のものとして、その外側から中立的第三者の視点で実定法を観察しようとするものである。このことは、ケルゼン自身の次の言葉からもうかがえる。

　「法学は、いわば外から、法を認識する任務をもち、認識という基礎に基づいてそれを記述する。それに対し法的権威としての法機関は、法創造を任務とする。法学はこうして創造された法を認識し、記述するのである[15]」。

　「法を記述する科学的法学者は、法規範を制定する法権威の立場にたつものではない[16]」。

　もっとも、外部的観察者の視点というのは企てであるから、実際には失敗しているということは、当然にあり得ることである。つまり、

---

[12] 大塚、前掲書、79 頁。
[13] 大塚、前掲書、89 頁。
[14] 森村『法哲学講義』（筑摩選書、2015 年）119 頁。
[15] ケルゼン、『純粋法学第二版』、74 頁。
[16] ケルゼン、前掲書、80 頁。ただし、法命題の性格を説明する箇所である。

純粋法学が実際には、大塚教授や森村教授の言うように、法適用者の視点で法を見ていたということはあり得る。しかし、両教授ともその証拠を特に提示していないように思われる。

要するに、実定法の一般理論は、外部的観察者の視点から、過去及び現在の法及び法秩序を観察し、そこに共通する法特有の一般的性質を発見しようとするものであるから、その成果は各国の法律問題に答えることが可能なものである。そして、純粋法学は、このような実定法の一般理論を「純粋」な方法で行おうとするものであるから、亀本教授の見解に反し、純粋法学は日本国の法律問題に答える能力があるというのが、「純粋法学の純粋性に忠実な解答」ということになるのである。

III 純粋法学における「純粋」の意味

亀本教授は、純粋法学の「純粋性」について、次のように述べる。

「ケルゼンは、対象と方法の両面で、事実の因果関係を探求する自然科学ないし社会科学からも、法の内容の道徳的または政策的良し悪しを問題にする倫理学ないし法政策学からも区別される、法の科学をめざした。純粋性とは、事実及び政策・道徳からの法および法学の独立を意味する[17]」。

そして、亀本教授は、次のように、純粋法学を評価する。

「純粋法学において、政策・道徳からの独立は達成されているとみてよい。しかし、ケルゼン自身による存在と当為を峻別すべきことの再三にわたる強調にもかかわらず、事実からの独立は完全に達成

---

[17] 亀本、前掲書、416-7頁。

されているとはいいがたい[18]」。

　このように、亀本教授は、純粋法学の「純粋性」とは、法学の事実からの独立を意味すると理解した上で、それを完全に達成していないことから、「ケルゼンの純粋法学は、その純粋性の標榜にもかかわらず、それほど純粋なものではない[19]」と総合的に評価するのである。
　しかし、この批判は正当なものとは言い難いように思われる。なぜならば、後に述べるように、純粋法学のおける「純粋性」とは、決して法学の事実からの独立を意味しないからである。純粋法学は、そもそも事実と無関係に法を認識することなどまったく志向していない。むしろ法と事実との関係を的確に認識することを志向している。これは、純粋法学が「実証主義的法理論[20]」であることからして、当然のことである。このような純粋法学に対し、純粋法学が事実から完全に独立していないと批判しても、それは有効な批判とはなり得ないであろう。
　それでは、亀本教授が、純粋法学の「純粋性」とは、事実からの法学の独立を意味すると理解した理由は何であろうか。思うに、それは、第一に、純粋法学が法を認識対象としない学問を法学から排除するものであること、第二に、ケルゼンが存在と当為の峻別論を採用していること、の２点にある。先の亀本教授の叙述を見るかぎり、教授は、（Ａ）「ケルゼンは、……事実の因果関係を探求する自然科学ないし社会科学から……区別される、法の科学をめざした」ということから、（Ｂ）「純粋性とは、事実……からの法および法学の独立を意味する」と理解し、また、ケルゼンの（Ｃ）「存在と当為を峻別すべき」という主張を（Ｄ）「法学は事実から独立すべし」という主張と理解している。

---

[18] 亀本、前掲書、417頁。
[19] 亀本、前掲書、416頁。
[20] ケルゼン、前掲書、204頁。210頁。

しかし、（A）は（B）を、（C）は（D）を意味しない。（B）と（D）は同じであるが、（A）と（C）は、無関係ではないものの、同じものではない。結局、亀本教授は、何の説明もしないまま、ケルゼンの意図ないし主張（（A）および（C））を、似て非なるもの（（B）および（D））に勝手に変更していると言わざるを得ない。そして、そこからの逸脱をもって純粋法学の「不純性」を指摘しているのである。

そこで、まず「ケルゼンは、……事実の因果関係を探求する自然科学ないし社会科学から…区別される、法の科学をめざした」ということから、「純粋性とは、事実……からの法および法学の独立を意味する」ということを帰結することができるかどうか検討する。

純粋法学における「純粋」の意味について、ケルゼンは、次のように説明している。

> 「この法学が、自らを法の『純粋』理論だと性格づける理由は、それがもっぱら法に向けられた認識を確保しようとするもので、厳密に法と定義された対象に属しない一切のものを定義から排除しようとするからである。換言すれば、法学を一切のそれと異質な要素から解放しようとするものである。これがこの法学の方法的基本原則である。……。法学は全く気軽に、心理学や社会学、倫理学や政治理論と混淆してきた。……。純粋法学が法認識をこれらの諸学問から区別（abgrenzen）しようと試みるのは、……ただ方法の混淆が、法学の本質を曖昧にし、その対象の本質から導き出される限界を消去することになるので、それを避けようとするものに他ならない[21]」。

このように、「純粋」とは、法の認識を任務とする法学から法の認

---

[21] ケルゼン、前掲書、2-3 頁。

識を任務としない学問、具体的には、心理学、社会学、倫理学及び政治理論を排除することを意味する[22]。したがって、これらの学問が、純粋法学に紛れ込んでいない限り、純粋法学の「純粋性」は保持されているということができる。

　法を認識対象としない学問のうち、純粋法学が特に相違を強調してきたものの一つは、社会学的法学である。ケルゼンは、社会的法学の性格について、次のように述べている。

　　社会学的法学は、「ある特定の状況下で人はどのように振る舞うべきかを述べる命題ではなく、ちょうど物理学がある自然物がどのように振る舞うかを記述するように、人が現実にどのように振る舞うかを告げる命題で、法の現象を記述しようとする。したがって、社会学的法学の対象は、『すべき命題』ought-statement の特別の意味における法規範ではなく、人の合法（又は違法）の行動である[23]」。

　このように、純粋法学の対象は法そのものであるのに対し、社会学的法学の対象は法と関連した人間行動である。別言すると、「純粋法学は、法の妥当性を扱い、社会学的法学は法の実効性を扱う[24]」。したが

---

[22] 通常、学者はより深遠な意義を指摘する。例えば、新正幸『純粋法学と憲法理論』（日本評論社、1992年）5頁は、「純粋法学の『純粋』たる所以は、存在と当為の方法二元論にもとづく規範的方法を根本原理とし、外に向かっては一方では社会学的・心理学的方法とのいわゆる『方法混同主義』を排し、他方では自然法的・倫理学的方法からの、すなわち価値判断からの干渉やそれへの従属を排し（外的純粋性）、内に向かっては規範論理的な体系内在的思考・認識に徹する（内的純粋性）点にある」と述べる。また、土井真一「H. Kelsen の根本規範論に関する覚書」法学論叢132巻1・2・3号260頁は、「Kelsen が自らの法学を『純粋』法学と呼ぶのは、社会学等の他の学問領域から法学の独立性を確保するという目的のためだけではない……。彼が探求しようとしたのは、法認識の純粋認識要素、すなわち、法という思惟構造それ自体だったのである」と述べる。
[23] Kelsen, *op. cit.*, p. 269.
[24] Kelsen, *op. cit.*, p. 269.

って、なぜある法は実効的であるのか（例えば、支配者の生の力によるからなのか、人々が法に納得しているからなのか等）という問題は、社会学的法学の問題であって、純粋法学の問題ではない。森村教授は、「法が妥当している、あるいは存在すると言えるためには、人々による法の受容（たとえそれが部分的で受動的なものであっても）という社会的事実が必要なことは否定できないだろうが、ケルゼンはこのことを認めたがらない[25]」と批判するが、ケルゼンが「人々による法の受容」——「受容」の意味も問題だが——を「認めたがらない」のは、法の実効性の原因が何であるかという問題は社会学的法学の問題であって、純粋法学の問題ではないからにほかならない。これに対し、いかなる理由で法が実効性を有するか、または、実効性を喪失したかを問わず、法の実効性の有無という事態が法の妥当性とどう関係しているか、という問題は、法の性質に関する問題であるから、純粋法学の問題であって、社会学的法学の問題ではない。

　以上に見たように、純粋法学における「純粋性」とは、法学から法を認識対象としない学問（とりわけ心理学、社会学、倫理学及び政治理論）を排除することを意味するのであり、「事実……からの法および法学の独立を意味する」ものではない。とりわけ社会学的法学の排除は、法に関する人間行動という事実を認識対象とする学問を排除することを意味するだけであって、事実と無関係に法の性質を認識するという方法を採用するということまで意味しない。社会学的法学の排除をもって、事実と関係づけた法の認識を一切排除すると理解することは、論理の飛躍である。したがって、純粋法学の「不純性」を指摘するのであれば、純粋法学に法を認識対象としない学問、とりわけ社会学的法学が紛れ込んでいることを指摘するのが、もっとも適当である。しかし、亀本論文は、この点に関しては、何も指摘していない。

---

[25] 森村、前掲書、110頁。

亀本教授は、「純粋性とは、事実……からの法および法学の独立を意味する」と述べているが、ケルゼン自身は、当然にそのようなことをどこにも書いていない。むしろケルゼンにとって、それはあり得ないことですらある。それにもかかわらず、亀本教授が、純粋法学の「純粋」を法学の事実からの独立と理解する真の理由は、ケルゼンが存在と当為の峻別論を主張していることにあるであろう。しかし、存在と当為の峻別論は、法学の事実からの独立を意味するものであろうか。次節では、このことを検討する。

IV 存在と当為の峻別論の射程
1 純粋法学における法と事実

純粋法学は少しも事実からの独立を志向するものではないにもかかわらず、亀本教授は、純粋法学が事実から完全に独立していないことをもって、純粋法学の「不純性」、つまり純粋法学の致命的欠陥とみている。亀本教授は、純粋法学が事実から完全に独立していない例をいくつか挙げているが、ここでは、その中から、法が人間の意志行為の産物であること、及び法の妥当性は法の実効性と一定の関係があることの2点に関する亀本教授の批判を見ることにしよう。

第一に、ケルゼンによると、法は実在する人間の意志行為の産物である。ケルゼンは、法は、「意図的に他者の行動に向けられた、特定の人間行為のもつ意味である[26]」、「『すべきだ』（Sollen）とは、ある人間が他の人間の行為に向けた意志行為の主観的意味である[27]」と述べている。

これに対して、亀本教授は、次のように批判する。

「ケルゼンは、規範すなわち（客観的）当為と事実を峻別する。に

---

[26] ケルゼン、前掲書、6頁。
[27] ケルゼン、前掲書、9頁。

もかかわらず、当為と事実は、発生論的に結びつけられている。規範は、意思行為という事実によって発生する。……。しかし、事実と当為がなぜ峻別されるかは、それ以上説明のしようがないと主張するのであれば、規範を事実と結びつけて発生論的に説明する必要はない。事実から当為の発生を導くという点に、純粋法学の不純性の一端が現れている[28]」。

つまり、亀本教授によると、法が人間の意志行為によって創設されるという純粋法学の説明は、必要がない上、事実から当為を導出するものであり、純粋法学の「不純性」に他ならないというのである。

第二に、ケルゼンは、「正統ではない、即ち憲法の規定によらない憲法変更・憲法代置はすべて（クーデタを含めた）広義の革命である」とした上で、革命には実効性の原則が適用されるとしている[29]。このことについて、ケルゼンは、次のように説明している。

「旧憲法が実効性を喪失し、新憲法が実効性を取得したその瞬間から、即ち一般規範が旧憲法上の権限をもった君主ではなく、新憲法上の権限をもった議会によって創造され、君主でなく議会の制定した法律が、その法律によって設けられた機関によって通用される瞬間から、法規範を創造・適用しているという主観的意味をもって登場した行為が、旧根本規範でなく新根本規範に従って、法規範の創造・適用と解釈されるようになる[30]」。

つまり、ケルゼンは、実効的憲法は現に有効な憲法であると考えているのである。このことは、ケルゼンが「純粋法学は、実定法、即ち

---

[28] 亀本、前掲書、418-9 頁
[29] ケルゼン、前掲書、202 以下。
[30] ケルゼン、前掲書、203 頁。

概して実効的なすべての強制秩序を、客観的に有効な規範秩序として記述[31]」するとしていることからも、明らかである。亀本教授は、「ケルゼンは、『実効的な法秩序は妥当な秩序である』と主張していると受け取られても仕方がない[32]」と述べているが、「仕方がない」どころか、まさにそれこそケルゼンの考えにほかならないのである。

　この考えに対し、亀本教授は、「これは、当為を事実に還元するもの、したがって、露骨な不純性の現れといってよいであろう[33]」と批判している。つまり、亀本教授によると、実効的憲法を有効な憲法とみることは、事実から当為を導出するものであるから、やはり純粋法学の「不純性」に他ならないというのである。

　なお、純粋法学の「法規範の当為としての効力は、その存在としての実効性と同一物ではない。実効性は、全体法秩序も個々の法規範も、実効性を喪失すればもはや効力を認められないという意味でその条件である[34]」という理論について、亀本教授は、「いささか理解に苦しむテーゼである[35]」と評価しているが、おそらく、ここでも教授は、ケルゼンが法を事実と関係づけていることを問題視していると思われる（教授は特に「理解に苦しむ」理由を述べていない）。

　以上に見たように、亀本教授にとっては、純粋法学が事実（ここでは、人間の意志行為と法の実効性）と関係づけて法を説明することは、純粋法学における「不純性」以外の何物でもないのである。

　もっとも、このような評価は、何も亀本教授一人のものではない。例えば、森村教授も、「純粋法学においても、法が妥当するためにはそれが実効的でなければならないとされるから、その限りで社会に関す

---

[31] ケルゼン、前掲書、210頁。
[32] 亀本、前掲書、422頁。
[33] 同頁。
[34] ケルゼン、前掲書、204頁。同旨12頁。
[35] 亀本、前掲書、422頁。

る経験的事実が取り込まれるが、それは純粋法学が実定法の理論であろうとすることから来る、避けられない例外である[36]」とか「ケルゼンは法理論からできるだけ事実的要素を排除して純粋法学の『純粋』性を強調した[37]」と述べている。おそらくこれが、一般的評価であろう。

　しかし、果たして純粋法学が事実と関係づけて法を認識することは、純粋法学における「不純」ないし「例外」であるだろうか。この点は、同様の批判が今後も繰り返されないよう、是非とも明確にしておく必要がある。ケルゼン自身は、純粋法学とは事実と無関係に法を認識するものであるとはどこにも書いていないし、既に述べたように、社会学的法学の排除は、決して法と事実との無関係論を帰結するものではなかった。それでは、存在と当為の峻別論は、法と事実との無関係論を帰結するものであろうか。これが、最も重要な問題である。

2　存在と当為の峻別論の意義

　存在と当為の峻別論とは、どのようなものか。ケルゼンは、次のように、存在と当為の峻別論を説明している。

　「存在と当為の区別については、これ以上の説明を与えることはできない。それは我々の意識の直接的所与である。『あることが存在する』という存在的事実の記述の命題と、『あることが存在すべきだ』という規範を記述する命題とが本質的に異なることは、何びとも否定できないであろう。『あることが存在する』という命題から『あることが存在すべきだ』という命題を導き出すことも、同様に『あるべきことが存在すべきだ』という命題から『あることが存在

---

[36]　森村、前掲書、83頁。同旨112頁。
[37]　森村、前掲書、111頁。

する』という命題を導き出すことができないことも、何びとも否定できないであろう[38]」。

　このような存在と当為の峻別論は、法の性質に関し何を特定させることができるだろうか。
　第一に、存在と当為の峻別論は、当然に、法の存在形式（ないし言語形式）が存在であるか、当為であるかの問題を提起する。これに対し、ケルゼンは、「それでは『規範』とは何か？それは通常、あるべきことないし起るべきこと、特に人間が特定の仕方で行動すべきことを意味する[39]」と述べている。すなわち、存在と当為の峻別論は、法の性質として、その存在形式が当為であることが特定させるのである。
　しかし、法の性質は、その存在形式が当為であるということだけにあるのではない。例えば、ケルゼンによると、法は、後に見るように、客観的当為である。また、法は、違法行為に制裁を結びつける仮言的当為でもある[40]。これらの性質は、当為の状態と当為の内容の問題であり、存在と当為の峻別論から特定できることではない。
　第二に、存在と当為の峻別論は人間の思考様式の区分論であり、存在も当為も人間の思考（創造）するものであることを前提にしているのであるから、峻別論は、人は存在命題から当為命題を論理的に導出できない、逆もまた同様ということを主張するのみであって、人が当為命題を創造すること自体を否定するものではない。存在と当為の峻別論にいう「存在」とは、人間の思考様式としての「である」命題を意味するのであって、人間（の意思）の存在それ自体は当然に「存在」に含まれない。したがって、法は人間が創造するものであるという認識は、存在と当為の峻別論に何ら反するものではない。それ故、法が

---
[38] ケルゼン、前掲書、7-8 頁
[39] ケルゼン、前掲書、6 頁
[40] 法命題としては、仮言的判断である。ケルゼン、前掲書、73 頁、78 頁以下。

人間の意志行為によって生じるという説明が純粋法学において不要か否かについて、存在と当為の峻別論は何も告げることはない。

　純粋法学が、法は人間の意志行為によって創設されるということを強調するのは、それが実定法の基本的性質だからである。このことは、神、自然及び正義が、――同様に、サヴィニーの「民族精神」やデューギーの「社会連帯」も[41]――、法を創設しないことを意味する。この点で、純粋法学は、「権威が法を創るのであって、真理が法を創るのではない」というホッブスの認識を共有する。そして、「超人間的権威でなく、人間によって設定された規範が構成する価値は相対的価値をもつのみである[42]」ということになる。

　第三に、存在と当為の峻別論に従うかぎり、当為である法も当為命題としては存在事実から導出されることはあり得ない。存在事実から法の当為命題を導き出すことは、論理的誤謬である。しかし、このことは、法が存在事実と無関係であるということを意味しない。別言すると、法は存在事実とある一定の関係があるということを認めることは、存在と当為の峻別論に反することではない。

　法は存在形式としては当為であるにしても、客観的当為という特殊な性質を有する。ここに客観的当為とは、当為の特殊な状態、すなわち、規範の固有の存在性を表す言葉である。これについて、ケルゼンは、次のように説明している。

> 「『すべきだ』(Sollen) とは、ある人間が他の人間の行為に向けた意志行為の主観的意味であるが、すべてのそのような行為が更に客観的意味をもつとは限らない。ある行為が客観的な意味をももつ場合にのみ、当為は『規範』と呼ばれる。『当為』が行為の客観的意味でもあるということを示すのは、行為が意図的に志向した行動が、

---

[41] ケルゼン、前掲書、219頁
[42] ケルゼン、前掲書、19頁

行為者個人の観点のみならず、中立的な第三者観点からも当為と見做されること、主観的意味が当為であるような意志が事実として存在しなくなった場合にも当為と見做され続けること、意志が消滅してもその意味である当為は消滅しないこと、当為は意志の消滅後も『効力を持ち続ける』こと、本人が意志行為の意味を全然知らない場合にも、客観的に権利義務の担い手であればその当為は効力をもつことである。そのような場合には、当為は『客観的』なものとなり、『有効』な、名宛人を拘束する『規範』となる[43]」。

　法が客観的当為であるとすると、当為の客観性は、一体どのような場合に生じ、どのような場合に消滅するか、ということが問題になる。この当為の客観性の問題は、既に創造された当為の状態の問題であるから、存在と当為の峻別論とは関係のない問題である。法が存在事実と関係するのは、この当為の客観性の生成・消滅の部分である。
　当為の客観性の問題は、結局、法の妥当性の問題と同一である。そこで、妥当性という言葉を客観性という言葉に置き換えて、これまで見てきた純粋法学の理論を再述すると、こうなる。第一に、法律は、客観的当為である憲法に基づいて創設されるが故に、生まれながらに客観的当為である。第二に、歴史的に最初の憲法（革命憲法）の客観性は、その実効性によって生じる。第三に、当為の客観性は、実効性を喪失するに至るとき、喪失する。このように、第二と第三の場合、当為の客観性はその実効性と大いに関係する。既に述べたように、なぜ法が実効的であるかの問題は、社会学的法学の問題である。純粋法学は、ただ、法の性質として、当為の実効原因が何であろうとも、当為の客観性は実効性によって生じ、非実効性によって喪失するということを認識するのである。この性質は、過去及び現在の法を観察した

---

[43] ケルゼン、前掲書、9-10頁

結果得られた法の一般的真理（法則）である。

　当為の客観性の問題は、既に創造された当為の状態の問題であるから、当為の客観性の生成・消滅は実効性という存在事実に関係するという性質を発見しても、その発見は何ら存在命題から当為命題を導出するという不可能事を犯したことにはならない。つまり、法の妥当性は法の実効性と関係するという認識は、何ら存在と当為の峻別論に反するものではないのである。したがって、「根本規範の理論は、当為の事実への完全依存を含意する[44]」という亀本教授の認識は、まったくの誤認である。

　以上が、存在と当為の峻別論の意義である。ここから分かるように、存在と当為の峻別論は、法と事実の無関係論、すなわち法学の事実からの独立を主張するものではないのである。ケルゼンは決して法の認識において一切の事実的要素を排除しようとはしていないし、それをもって純粋法学の「純粋性」とも考えていない。純粋法学が事実と関係づけて法を認識することは、何ら純粋法学にとって「不純」ではないのであるから、純粋法学が事実と関係づけて法を認識することをもって、純粋法学を「不純」と批判するのは、極めて不適切である。

V　おわりに

　これまでの議論から、亀本論文が「純粋法学にとっては痛くも痒くもないもの」であるということは、明らかである。

　亀本教授によると、亀本論文は、「論理という言葉をよく使う者にかぎって論理をよく理解していない一つの実例として、ケルゼンを挙げると同時に、事実と当為の区別が意外に難しいということをケルゼンに即して説明しようとしたものである[45]」。つまり、亀本論文の意図は、純粋法学が論理的でないこと、及び事実と当為の区別が困難であ

---

[44] 亀本、前掲書、417頁。
[45] 亀本、前掲書、はしがきxii頁。

ることの2点を説明することにあった。

　しかし、この二つの意図は、まったく達成されていないように思われる。そもそもケルゼンが「論理という言葉をよく使う者」に該当するか否かという問題があるが、それは棚上げするにしても、ケルゼンが「論理をよく理解していない」ことは、これまでの議論から明らかなように、何一つ例証されていないといっていい。むしろ亀本教授の方が、何の説明もしないまま、純粋法学の「純粋」の意味や存在と当為の峻別論を法と事実の無関係論と同一視するという論理の飛躍を犯している。

　また、「事実と当為の区別が意外に難しいこと」については、特に積極的にそれを説明する場面がなく、それが亀本論文の意図であったとは、とても見受けられない。論文集の「はしがき」での後付け感が否めないのである。

　結局、「論理という言葉をよく使う者にかぎって論理をよく理解していない一つの実例」は、ケルゼンの純粋法学ではなく、亀本論文の方である。

第 2 章　純粋法学と形式的意味の憲法

I　はじめに

　ハンス・ケルゼンは、1960 年の『純粋法学第二版』で、1934 年の「初版で論じた主題を全面的に書き直し、また論題を大いに拡大し」、「法の一般理論上の最重要の諸問題」を解明している（ハンス・ケルゼン（長尾龍一訳）『純粋法学第二版』（岩波書店、2014 年）x 頁。以下、括弧内で示した頁数は同書の頁数である）。しかし、第二版においても、形式的意味の憲法の諸規定の法的性格については、それほど多くを解明していない。ケルゼンは、同書第二版の序文で「もとよりこの第二版も最終的結果の論述ではなく、補充・修正の継続が必要である」（同頁）と述べているが、純粋法学が法の一般理論（又は一般法学）である限り、「補充」が必要な部分の一つとして、形式的意味の憲法の諸規定の法的性格の解明、すなわち形式的意味の憲法の構造分析があげられてもよいと思われる。

　特に憲法改正規定に係る諸問題については、憲法学上の古典的問題であるにもかかわらず、ケルゼンはほとんど論じていない。このため、純粋法学の立場では、この問題をどう考えることになるかということが、実に興味ある問題として残されている。

　これに関連する先行研究として、菅野喜八郎著『国権の限界問題』（木鐸社、1978 年）がある。この書の中で、菅野博士は、①ケルゼンの根本規範は憲法改正の限界となりうる性質のものかどうか、②純粋法学は憲法改正規定の改正不能論を支持するものかどうか、という問題を設定し、それらを詳細に検討しているが[1]、その際、後に見るよう

---

[1]　菅野喜八郎『国権の限界問題』（木鐸社、1978 年）第一部第二篇

に、例えば憲法改正規定の改正の能否の問題についての純粋法学の解答を推論している。しかし、博士の見解には納得できないものが見られた。

　本章の目的は、以上のような問題関心から、純粋法学の立場では、形式的意味の憲法の諸規定の法的性格をどう捉えることになるのか、ということを検討することにある。もとより試論である。

Ⅱ　実質的意味の憲法概念
1　定義

　形式的意味の憲法の諸規定の法的性格を論じる出発点は、実質的意味の憲法概念を明らかにすることである。これによって、ひとまず形式的意味の憲法は、実質的意味の憲法とそうでないものの2種類に分類されることになる。

　それでは、純粋法学において実質的意味の憲法とは、どのようなものであろうか。実質的意味の憲法について、ケルゼンは、『純粋法学第二版』で次のように述べている。

　「さし当たって国家法秩序のみを念頭に置くならば、憲法は実定法上最高段階に位置する。ここでいう憲法は実質的意味の憲法、即ち一般的法規範の創造を規律する単数または複数の実定規範である」（214頁）。

　「実質的意味の憲法によって規律される一般法規範の創造は、近代国家法秩序においては『立法』という性格をもつ。憲法は、それを規律するに当たり、一般法規範（法律・命令）の創造を授権された単数または複数の機関を定める」（215頁）。

　このように、純粋法学においては、一般的法規範の創設を規律する

法規範が実質的意味の憲法であるとされる。このような実質的意味の憲法概念は、法規範は別の法規範に基づいて創設されるという法秩序の性質から、当然に帰結されることである[2]。

　実質的意味の憲法概念が明らかになった後に問題になるのは、形式的意味の憲法の諸規範のうち、具体的にどのようなものが実質的意味の憲法に該当し、どのようなものが実質的意味の憲法に該当しないか、という点である。この点に関し、特に問題となるのは、憲法改正規定と人権保障規定の2つの法規範の位置づけである。

2　憲法改正規定

　ケルゼンは、形式的意味の憲法の構成内容及び特質について、次のように述べている。

　「実質的意味の憲法と区別されるものとして、形式的意味の憲法がある。それは『憲法』という名の付いた文書で、成文憲法である。それは一般的法規範の創造、即ち立法を規律するのみならず、政治的に重要な事項に関わる他の規範を含んでいる。その他に、『この文書（憲法典）に含まれた規範の廃止や変更は、単純な法律でなく、加重された条件下、特別な手続によってのみ可能である』旨の条項を含んでいる。この法典に含まれる規定は『形式憲法』（Verfassungsform）であり、それは形式であるから、任意の内容を取り組むことができる。それは特に先に実質的憲法と呼んだ諸規範、国家法秩序全体の基礎をなす諸規範の安定をその任務とする」（215頁）。

---

[2] 古野豊秋「ハンス・ケルゼンの憲法概念とその現代的意義」DAS研究会『ドイツ公法理論の受容と展開―山下威士先生還暦記念』（尚学社、2004年）62頁以下は、1920年の『主権の問題と国際法理論』から1964年の「憲法の機能」までの、ケルゼンの「憲法」概念の軌跡を辿っている。

このように、純粋法学においては、形式的意味の憲法は、実質的意味の憲法だけでなく（nicht nur）、「政治的に重要な事項に関わる他の規範」と憲法改正規定もまた（sondern auch）含む、と理解されているのであるから、「政治的に重要な事項に関わる」規定と憲法改正規定は実質的意味の憲法ではないということになる。

　なるほど、いかに「政治的に重要な事項に関わる」規定であっても、一般的法規範の創設を規律する法規範に該当しない以上、それらは実質的意味の憲法ではないというのは、先に見た実質的意味の憲法概念からして当然の帰結であるように思われる。日本国憲法の規定で言えば、例えば、天皇、行政権、司法権に関する諸規定は実質的意味の憲法ではないということになる。いわゆる立法、行政、司法の国家3作用のうち、立法に関する規定のみが実質的意味の憲法であり、その他の国家権力に関する規定は、実質的意味の憲法と共に、その安定性を図るために、「任意」に形式的意味の憲法に取り込まれたにすぎないものである。ケルゼンによれば、憲法とは「立法過程を規律する諸規範」だけでなく「最高の執行および司法諸機関の創設と権限を規律する諸規範をも包括するもの」というような憲法概念は、政治的理論の憲法概念であって、法理論のそれではないのである[3]。

　（なお、本章では、形式的意味の憲法の諸規定のうち、実質的意味の憲法に該当しないが法規範としての性格を有する規定を硬性法律と呼ぶことにする。憲法律（ないし憲法法律）という用語を使用すると、後に見るカール・シュミットのいう憲法律との間で混同が生じるからである。）

　しかし、憲法改正規定も、「政治的に重要な事項に関わる」規定と

---

[3] ハンス・ケルゼン（尾吹善人訳）『法と国家の一般理論』（木鐸社、1991年）393頁。

同じように、実質的意味の憲法でないと言えるであろうか。このことは、先に見た実質的意味の憲法概念から当然に出てくるようには思えない。もし憲法改正規定が実質的意味の憲法ではないとしたら、一体、憲法改正規定は、法秩序上どのように位置づけられるであろうか。この点について、ケルゼンは特に明らかにしていない。

　思うに、純粋法学において、憲法改正規定は実質的意味の憲法として位置づけられるべきではないだろうか。純粋法学にとって形式的意味の憲法は、先の引用文から明らかなように、単に法規範（実質的意味の憲法と硬性法律）の安定性を図るために用いられた立法技術にすぎない。憲法改正規定に基づいて創設された形式的意味の憲法と、法律制定手続に基づいて創設された通常法律との間には、法創設手続の難易度という相違があるのみであり、法規範の創設としては本質的な相違はないはずである。このことは、1945年の『法と国家の一般理論』における次の叙述からも明らかである。

　「もし、通常の立法手続と異なる特別の憲法改正手続があれば、（実質的意味の）憲法となんの関係もない一般的諸規範がこの特別の手続を通じて創設されうる。この種の法はもっぱらこの方法でのみ変更または廃止されうる。それらは硬性憲法と同じ安定性を享受する。もし、これらの法が『憲法』の一部と考えられるなら、この憲法の概念は純粋に形式的な意味に理解される。この意味の『憲法』は、一定の主題事項を規律する諸規範を意味しない。それは特別の立法手続、どんな法的内容をもっても充たされうる法形式しか意味しない」（ケルゼン、（尾吹訳）『法と国家の一般理論』、395頁）。

　このように、憲法改正規定は、「特別の立法」、すなわち形式意味の憲法の創設手続を定める規定である。通常の法律と形式的意味の憲法との間には法形式の相違しかないとすれば、形式的意味の憲法は、通

常の手続で行う一般的法規範の創設と、それよりも加重された手続で行う一般的法規範の創設という二つの異なる法創設方法を定めるものということになる。そうであるから、憲法改正規定は、通常の立法を規律する法規範と共に、実質的意味の憲法ということにならざるを得ないように思われる。

　ケルゼンは、形式的意味の憲法は実質的意味の憲法のほかに憲法改正規定をも含むという言い方をしたが、純粋法学においては、形式的意味の憲法における実質的意味の憲法は通常の法律創設に係る規定と憲法改正規定の二つで構成されていると理解されるべきである。

3　人権保障規定

　純粋法学において、人権保障規定は実質的意味の憲法と位置づけられている。このことについて、ケルゼンは、次のように述べている。

　「憲法は一般的規範の創造を規律するが、さらに未来の法律の内容を規定することもできる。しかも各国の実定憲法は屡々、特定の内容を命じたり、禁じたりするという仕方で、法律の内容を規律する。……。近代憲法に典型的な要素は基本権・自由権のカタログであるが、それはそのような権利を侵害する法律の制定を阻止しようとする試みである。……。但し、そういうことが可能なのは、通常の法律が憲法の規定を廃止する効力をもたないこと、憲法の改正・廃止が特別多数・特別定足数によらなければ不可能であることが条件である。即ち、憲法の改正・廃止には、通常の法律とは異なる、加重された手続が憲法上定められていること、『法律』という形式の他に、『憲法』という特殊な形式が存在することが条件である」（216-7頁）。

　このように、人権保障規定は、将来の立法の内容を消極的または積

極的に規律する法規範であるが故に、実質的意味の憲法に該当するのである。確かに「何々の自由又は権利を制限する法律を制定してはならない」というような憲法規定（例えば、アメリカ合衆国憲法修正第1条）は、その規定ぶりからして、立法機関に対し自由を制限する立法の禁止を指図している法規範である。そして、ケルゼンによると、このような人権保障規定は、何ら国民に権利を付与する法規範ではない。ケルゼンは、平等権及び自由権の保障について、「これらの憲法上の保障は、それ自体は権利を構成するものではなく、反射権でもテクニカルな意味での私権を構成するものではない」（138頁）と述べている。しかし、これらの人権は、「政治的権利」、すなわち「保障された平等や自由を侵害する違憲の法律の効力を、一般的ないし個別的に廃棄する規範の創造に参与する権利」（142頁）である。

しかしながら、現実の人権保障規定は、常に「何々の自由を制限する法律を制定してはならない」というような規定ぶりで存在するわけではなく、むしろ一般的には「国民は何々の自由又は権利を有する」というような規定ぶりで存在している。このような人権保障規定は、その規定ぶりに着目する限り、「特定の内容を命じたり、禁じたりするという仕方」で、立法の内容を制限していないことは、明らかである。このような人権規定でも、純粋法学においては、やはり実質的意味の憲法に該当するということになるのであろうか。むしろこのような人権保障規定は、単純に国民に権利を付与する硬性法律であるとみることが妥当であるように思われる。

このように、人権規定を硬性法律であると位置づけても、それは形式的効力を有するから、当然に人権を侵害する法律は違憲となる。すなわち、この意味で、人権保障規定は、人権を侵害する法律制定を禁止している規定である。そもそもおよそ実質的意味の憲法に該当しない憲法上の諸規定全てが、このような形式的効力を持っている。例えば、憲法7条は、天皇は内閣の助言と承認により法律を公布する旨を

規定しているので、内閣総理大臣が法律を公布する旨を内容とする法律の制定は、同条によって禁止されていると言える。もしある憲法規定が実質的意味の憲法かどうかの判断基準として、それに違反する法律の制定が禁止されるかどうかという基準を採用とするならば、結局、形式的意味の憲法の諸規定全てが実質的意味の憲法として理解されなければならないことになってしまうであろう。しかし、これでは実質的意味の憲法概念を論じる意味が失われてしまう。そうすると、人権保障規定は、その規定ぶりが人権を侵害する法律制定を禁止するものである場合、実質的意味の憲法であるということはできるかもしれないが、その規定ぶりが単純に国民の権利を宣言するものである場合までも、人権保障規定を実質的意味の憲法とみる理由はないように思われる。

　また、「国民は何々の自由又は権利を有する」というような人権保障規定を国民に権利を付与する硬性法律とみる方が、次の２点でも合理的である。

　第一に、改めていうまでもなく、人権保障規定は平等権・自由権だけでなく社会権も保障している。社会権を保障する規定を将来の法律の内容を積極的に定める規定であると解する場合、社会権は「政治的権利」としての性格さえも認められないということになる（参照 216 頁）。このことについて、新正幸博士は、「立法不作為を違憲と確認する違憲確認判決ないし違憲宣言判決」などの「特別の実定法上の制度化」が可能であることを指摘した上で、「社会権規定に裁判規範としての拘束力を認め、不備ないし不十分な立法措置ないし行政措置に法的効果を結びつけることは十分に可能であるから、ケルゼンのように、技術的不可能性を理由に、社会権の権利性を否定することは、余りに性急に過ぎ、十分な根拠がないものといわなければならないであろう」

と批判している[4]。しかし、人権保障規定を個人に権利を付与する硬性法律と理解すれば、当然に社会権の権利性は認められるし、その性格も裁判所によって履行強制可能な enforceable 具体的権利と位置づけることさえも可能となる。

　第二に、人権保障規定の中には、さらに憲法 28 条の労働基本権のように私人に対する権利もある。労働基本権は、使用者に対する労働者の権利であって、国家に対する労働者の権利ではないことは、その歴史的生成からして明らかであるし[5]、昭和 43 年の三井美唄炭鉱労組事件最高裁大法廷判決[6]の認めるところでもある。また、労働法学の通説的見解は、労働組合法上の労働組合に該当しない労働者団体は直接憲法 28 条の規定に基づき使用者に対し団体交渉権及びストライキ権を有すると理解しているし[7]、下級審判決には実際にそうした解釈によって事件を解決した裁判例もある[8]。こうした学説と裁判例は、憲法 28 条は直接国民に使用者に対する権利を付与する規定であると理解して、初めて説明可能となる。

　以上に見たように、規定ぶりが国民の権利・自由を保障する旨の人権保障規定は、将来の法律の内容を消極的又は積極的に規律する実質的意味の憲法ではなく、文言どおり国民に権利を付与する法規範であ

---

[4]　新正幸『ケルゼンの権利論・基本権論』（滋学社、2009 年）430-1 頁。
[5]　参照、中村睦男「労働基本権」芦部編『憲法Ⅲ人権（2）』（有斐閣、1981 年）445 頁以下。アメリカ労働法の歴史については、中窪裕也『アメリカ労働法［第 2 版］』（弘文堂、2010 年）第 1 章。
[6]　最大判昭和 43 年 12 月 4 日刑集 22 巻 13 号 1425 頁。
[7]　菅野和夫『労働法〔第 10 版〕』（弘文堂、2012 年）590 頁。
[8]　三和サービス（外国人研修生）事件・津地四日市支判平成 21 年 3 月 18 日労判 983 号 27 頁。この事件は、会社の作業指示に納得できず作業を中止した外国人研修生 5 人に対し会社が損害賠償を請求したものであるが、裁判所は「被告らは労働法上の労働組合とはいえないが、憲法上の団体交渉権及び争議権の保障を受けるところ、被告らは、原告の労働契約の不利益変更に対し、撤回を求めたが応じないために労務提供の停止をしたものであるから、被告らの不就労はストライキとして適法である」と判示した。

り、それが形式的意味の憲法で規定されている結果として形式的効力を有し、当該人権を侵害する法律制定は法的に禁止されると理解する方が合理的である。

　法政策的当否は別にして、形式的意味の憲法は「任意の内容を取り組むことができる」から、形式的意味の憲法は法律と同じようにいかなる権利も——国家に対する権利だけなく、当然に私人に対する権利も——保障することができる。憲法はその性格上国家に対する権利しか規定できない、とか、憲法上の権利はすべて国家に対する権利である、というような見解[9]は、法理論には根拠を有しない。規定の形式的効力と権利の内容は別の話である。国家に対する権利であれ、私人に対する権利であれ、国民に権利を付与する法規範は、法律形式で規定されようと、法的安定性のために形式的意味の憲法で規定されようと、その権利としての性格に変わりはないのである。

　人権保障規定は、その規定ぶりによって、立法の禁止を指図する法規範であると性格づける場合でも、国民に権利を付与する法規範であると性格づける場合でも、形式的意味の憲法に規定されて初めて立法内容を拘束する効力を有するという点で、両者に相違はない。形式的意味の憲法における人権保障規定を国民に権利を付与する硬性法律と見ることに何ら不都合はないように思われる。

Ⅲ　憲法改正の限界
1　実質的意味の憲法の改正の可否

　既に見たように、純粋法学において、実質的意味の憲法は一般的法

---

[9]　君塚教授（君塚正臣『憲法の私人間効力論』（悠々社、2008年）259頁、同「三菱樹脂事件判決」論究ジュリスト1号（2012年）40頁）及び高橋教授（高橋和之「人権の私人間効力論」高見ほか編『日本国憲法解釈の再検討』（有斐閣、2004年）4頁）は、憲法の性質上、人権規定が直接私人に適用されることはない旨述べている。

規範の創設を規律する法規範である。ここから、形式的意味の憲法改正の限界に関し、以下の４つの問題（問題１～４）が生じる。これに対し、純粋法学の解答を確認ないし検討してみよう。

＜問題１＞：菅野博士は、「法実証主義的限界論を根拠づけるものがあるとしたら、それは『実質的憲法論』のみではなかろうか[10]」と述べているが、純粋法学は実質的意味の憲法、すなわち一般的法規範の創設を規律する法規範（ここでは憲法改正規定を除く）を憲法改正の限界と考えるであろうか。

答えは、否である。ケルゼンは、この問題について、『純粋法学第二版』で明確に述べているわけではないが、同書には次のような叙述が見られる。

「国家の憲法が成文憲法である場合、その廃止・改正が通常の法律とは異なり、加重された要件の下でのみ廃止・改正が可能であるという特別な形式をとることがある。しかしそうしなければならないという訳ではなく、特に成文憲法がなく、憲法が慣習によって（…略…）成立した場合（…略…）には、上記の特別な形式をとらない。その場合には、実質的意味の憲法としての性質をもつ規範も、単純な法律ないし慣習法によって廃止ないし改正され得る」（216頁）。

ここでは、形式的意味の憲法がない場合、実質的意味の憲法は通常の法律で改正され得ると述べているが、この叙述は、形式的意味の憲法がある場合、実質的意味の憲法は加重された要件の下で、すなわち憲法改正の仕方で、改正され得ることを前提としたものであるように思われる。また、ケルゼンにとって革命とは「正統でない、即ち憲法の規定によらない憲法変更・憲法代置」（202頁）であるのだから、憲

---

[10] 菅野、『国権の限界問題』、228頁。

法改正規定に従えば、実質的意味の憲法も改正可能と考えていることは明らかである。

実際問題として、実質的意味の憲法の改正は一切法的に不可能であるとすることは、現実的ではないように思われる。例えば、日本国憲法に即して言えば、現在の二院制を一院制に改正することはまさに実質的意味の憲法の改正に該当するが、こうした改正が改正の限界を超えるものとは、誰も考えないであろう。また、将来の立法内容を規律する人権保障規定についても、憲法改正によって新しい人権保障規定を憲法に付加することができるならば、同様に、憲法改正によって人権保障規定を憲法から削除することもできると考えなければならないから、人権保障規定を憲法改正の限界と考えることもできないであろう。

もっとも、一般的法規範の創設者すなわち主権者の変更については、後に見るように、別異に考えられるべきである。

2　憲法改正規定の改正の可否

＜問題2＞：カール・シュミットは、「憲法改正の権能は、……この憲法改正の権能それ自体の基礎を変更し・拡張し・または別のもので置き換える、例えば、ワイマール憲法第76条を、第76条の手続によって、憲法律の改正が国議会の単純多数決により行われるという風に改める権能も含むものではない[11]」と述べ、また、同様に、清宮博士も、日本国憲法96条の改正を96条そのものによって根拠づけることは「原則として不可能である[12]」と述べているが、純粋法学においても、憲法改正規定の改正は法的に不可能と考えられるであろうか。

答えは、やはり否である。先に述べたように、憲法改正規定も、実

---

[11] カール・シュミット（尾吹善人訳）『憲法理論』（創文社、1972年）133頁。
[12] 清宮四郎『憲法Ⅰ〔第三版〕』（有斐閣、1979年）411頁。

質的意味の憲法である。軟性憲法の場合、通常の立法手続で立法手続自体も改正され得るならば、硬性憲法の場合も同様に考えられる。すなわち、改正手続規定もそれ自身に基づいて改正され得ると考えられる。正統性の原則（202頁）がここでも適用されるのである。

　実際問題として、改正規定の改正は一切法的に不可能であるとすることも、やはり現実的ではないように思われる。日本国憲法96条1項は、「この憲法の改正は、各議院の総議員の3分の2以上の賛成で、国会が、これを発議し、国民に提案してその承認を経なければならない。この承認には、特別の国民投票又は国会の定める選挙の際行はれる投票において、その過半数の賛成を必要とする。」と規定している。例えば、国会による発議の要件を「各議院の総議員の3分の2以上の賛成」から「各議院の総議員の2分の1以上の賛成」に変更することは、法的に可能であると考えるべきである。問題は、国民投票の手続きを削除することの法的可能性である。憲法改正手続規定の改正可能を認める以上、その限界を設ける合理的理由はないであろう。憲法改正の困難性に係る設定は、前の改正手続に従う限り、改正者の自由である。国民投票を廃止しても、その後、必要があれば、また改正手続に従ってまた国民投票制度を復活させればよいだけの話である。

　憲法改正規定は法的に改正不可能であるという見解では、現実に憲法改正規定の改正が行われた場合、その憲法の制定・施行は革命になるのであろうか。改正手続が変わっても、法律の制定方法に全く変更がない場合、国家体制に変更があったとは言い難いし、日常の政治方法は従前の通り行われているのだから、革命というのはあまりにも大袈裟すぎる。憲法改正規定に法的な改正限界はないとみるべきである。

　ところで、菅野博士は、憲法改正規定の改正の能否の問題に関する純粋法学の立場は、次のようなものであるとしている。

　「……根本規範は、何が我々にとっての実定憲法であるかは自明と

の前提の下に、その憲法に従えということ、換言すればその憲法を以て法的判断の究極の規準とせよということを命じているに止める。とすれば、憲法改正規定の改正の能・不能の問題も、その憲法が如何に定めているかの問題、その憲法の解釈Auslegungの問題として処理されねばならぬことになる。

その憲法が自ら改正規定の不可変を宣言しているとか、そうでなくても『何等かの仕方で推察可能な憲法制定者の意志中』に憲法改正規定を不可変たらしめようとする意図が看取されるならば、その限りにおいてその憲法の改正規定の不可変性が肯定されることになろう。しかしそうでないときは、一般に憲法改正規定改正不能論が極めて少数の支持しか見出していないことを思えば、むしろ『憲法制定者』は憲法改正規定の可変性を当然のこととして前提していると見るのが自然であるから、憲法改正規定の改正は法的に可能と考えねばならぬ[13]」。

このように、菅野博士は、憲法改正規定の改正の能否はその憲法の解釈問題であるとするが、これには賛成できない。第一に、ケルゼンの根本規範論から、「憲法改正規定の改正の能・不能の問題」は「その憲法が如何に定めているかの問題、その憲法の解釈、Auslegungの問題」であると帰結することは、論理的ではない。憲法改正規定の改正禁止規定がない場合、憲法改正規定の改正に関する法は存在しないのであるから、「その憲法が如何に定めているかの問題」とみなすことは無理がある。第二に、憲法改正規定の改正禁止規定がない場合の解釈方法として、なぜ憲法制定者の意思が重視されるのか、不明である。しかも、憲法制定者の反対意思を確認できない限り、「『憲法制定者』は憲法改正規定の可変性を当然のこととして前提している」と解釈す

---

[13] 菅野、『国権の限界問題』、191－2頁。

るのは、解釈者の都合で現実には存しない憲法制定者の意思を勝手に推測するものでしかないように思われる。シュミットの言うように、「存在しない意志を解釈するというのは、そもそも不可能である[14]」。第三に、憲法改正規定の改正禁止規定それ自体の改正の能・不能については、何も解決できない。改正禁止規定の改正を禁止する規定がない場合、憲法制定者は改正禁止規定の改正の「可変性を当然のこととして前提していると見るのが自然である」だろうか。それとも、今度は、反対に、不可変性を当然のことと前提していると見るのが自然であるだろうか。いずれにせよ、存在しない意志の解釈であり、不自然である。

このような疑問があることから、菅野博士の見解に従うことはできないように思われる。「憲法改正規定の改正の能・不能の問題」は、「その憲法が如何に定めているかの問題、その憲法の解釈、Auslegungの問題」ではなく、むしろ一般法学の問題と見るべきであろう。そして、一般法学としては、憲法改正手続規定がそれ自身によって改正され得るという法的性質があるかどうかということだけが問題となるのでる。

＜問題３＞：純粋法学の立場では、特定の憲法規定の改正を禁止する改正禁止規定それ自体の改正は法的に不可能であると考えられるであろうか。

この問題について、『純粋法学第二版』は特に述べていないが、『法と国家の一般理論』は次のように述べている。

> 「憲法のいかなる改正も禁止されることすらありうる。そして、歴史的な若干の憲法は、それらの諸規定のあるもの、または一定の期間憲法全体を改正できないものと宣言している。……。これらの場合には、立法行為によって一定期間憲法全体を改正すること、また

---

[14] シュミット、前掲書、44頁。

は特定の規定を改正することは法的に不可能である。もし、改正をより困難にする憲法の規範が立法機関を拘束するものと考えられるならば、いかなる改正をも排除する規範も妥当すると考えられなければならない。二つの規範を別様に解釈し、──若干の学者達が言うように──いかなる改正をも禁止する規定を性質上妥当しないと宣言すべき法学的な理由はない[15]」。

このように、ケルゼンは、改正禁止規定は有効であると述べているが、改正禁止規定それ自体を改正できないとは言っていない。もしケルゼンが改正禁止規定は有効であるということで、その規定自体の改正禁止も含意されるとしたら、それは純粋法学の立場ではないように思われる。このことについて、尾吹教授は、次のように述べている。

「……もし改正手続規定それ自体にしたがって改正できるとするなら、どうして改正の内容の制限規定が改正不能となるのか分からない。……『改正手続規定』を変更することが『革命』でないのに、『改正禁止規定』の変更が『革命』になるという議論は、つねに法定立の内容よりも手続のほうを重視するケルゼン自身の立場と矛盾するように思われる[16]」。

尾吹教授の言うことは正しいように思われる。こうした矛盾を解消するためには、改正禁止規定の有効性とその規定自体の改正可能性とは別の話と考えるほかない。

結局、特定の憲法内容の改正を禁止する改正禁止規定は改正内容を指図する法規範であり、憲法改正の手続規定と同様に、実質的意味の

---

[15] ケルゼン、前掲書、394 頁。
[16] 尾吹善人『憲法の基礎理論と解釈』(信山社、2007 年) 145 頁。

憲法である以上、憲法改正の手続規定に基づいて改正され得るというのが、純粋法学の立場として正しいように思われる。改正禁止規定の運命は、憲法改正手続規定のそれとまったく同じである。ただし、このことは、決して改正禁止規定が無効であることを意味しない。逆に、改正禁止規定も改正されるまでは有効であるということ意味する。もっとも、全面改正禁止規定の場合、この論理を採用することはできない。もし全面改正禁止規定が有効であるとすると、将来のいかなる改正も不可能ということになり、いかにも現実的ではない。それでも、全面改正禁止規定は、実現不可能な内容を定めるもので当初から無効などと考える必要はなく、遵守される限りで有効と考えられるのである。

3 憲法改正の限界の有無

＜問題4＞：純粋法学の立場では、憲法改正に限界はないのだろうか。一般的法規範の創設権者を変更するような憲法改正も法的に可能であると考えられるだろうか。

ケルゼンは、『純粋法学第二版』ではこの点に関し明言していないが、1914年に「君主制を共和制に変更することも、他の憲法改正と同様法的に可能である[17]」と述べていることを踏まえると、純粋法学の立場では、憲法改正規定に従う限りいかなる改正も可能である、つまり、憲法改正に限界はない、ということになりそうである。

この点に関し、菅野博士は、次のように、憲法改正の限界の有無に対する純粋法学の回答を推論している。

「……改正禁止をうたう規定が存在しなければ、『立法の特殊の手

---

[17] H. Kelsen, "Reichsgesetz und Landesgesetz nach der Österreichischen Verfassung," Archiv des öffentlichen Rechts, 32Bd., 1914, p. 413. 長尾龍一『ケルゼン研究Ⅲ』(慈学社、2013年) 210頁の引用による。

続』にすぎず、『如何なる法的内容』をそこに盛りこむことができる憲法は、自己の重要部分（例えば国民主権の原則）の否定を結果することになるような内容の規定をも、改正手続に従う限り自己のうちに盛りこむことができる。換言すれば、改正禁止規定が置かれていない場合には何等限界がない、ということになりはしないだろうか[18]」。「……正しく捉えられた根本規範の内容は、……約言すれば、『憲法』の命ずる如く行動せよ、といった趣旨のものであるから、憲法改正手続に従ってのそれであっても新根本規範の前提なしには法行為と解しえない意志行為が存在するかどうかは実定法の解釈Auslegung の問題として処理するしかないということになる。実定憲法の命ずる如く行動することがいわば根本規範に従う所以であるから、実定憲法の一部たる改正規定が、そこに定める手続に従って行う如何なる憲法改変をも是認する趣旨だとすれば、どのような改変行為も従来の根本規範の前提の下で法行為と解されることが可能だということになる。即ち、その憲法の改正には何等限界がないということになる[19]」。

しかしながら、この菅野博士の見解には、次のような疑問があるように思われる。第一番目の論述については、形式的意味の憲法には如何なるものも盛り込むことができることは、憲法改正に限界はないことの根拠とはならない。その趣旨は、憲法制定者は実質的意味の憲法に該当しない法規範も形式的意味の憲法に盛りこむことができるということだけである。また、第二番目の論述については、改正の限界の有無はその憲法の解釈問題であるとした上で、「実定憲法の一部たる改正規定が、……如何なる憲法改変をも是認する趣旨だとすれば」、改正

---

[18] 菅野、前掲書、112 頁
[19] 菅野、前掲書、151－52 頁。

に限界はない、と主張しているが、一体どうやってその趣旨を確認するか不明である。ここでも、先の改正規定の改正の能・不能の問題と同じように、実際には存在しない憲法制定者の意思を確認するという不可能事を行うのであろうか。

　このような疑問があることから、ここでも菅野博士の見解に従うことはできないように思われる。改正の限界の有無の問題は、その憲法の解釈問題ではなく、むしろ一般的憲法学上の問題である。

　それでは、この問題に対し純粋法学は、どう解答するのが妥当であろうか。ケルゼンは、正統性の原則が適用不可能となる革命について、次のように述べている。

　「正統でない、即ち憲法の規定によらない憲法変更・憲法代置はすべて（クーデタを含めた）広義の革命である。この変化が、正統政府に対する暴力によるものか、政府自身のメンバーによるものか、大衆行動によるものか、少数者によるものかは、法学的見地からは重要ではない。法学的に重要なことは、旧憲法の定めていない仕方で変更・代置されたことである」（202頁）。

　ここから明らかなように、純粋法学では、憲法改正規定に従って憲法を改正する限り、改正に限界はないということになる。一般的法規範の創設権者すなわち主権者の変更を行う憲法改正も、まったく革命ではないということになる。そうであるならば、国民を主権者と定める日本国憲法の制定は、まさに天皇を主権者と定める明治憲法73条の改正手続によって行われた憲法改正であるが故に、革命ではないということになる。

　しかしながら、このような認識が、実証主義的法学の認識として正しいとは思われない。憲法改正規定に従ったか否かという点に革命のメルクマールを求めるのは、あまりにも形式的である。シュミットが、

「イギリスの議会の多数決は、イギリスをソヴェト国家にするには足りないであろう。この反対のことを主張するのは、『形式的な考察方法』というにとどまらず、政治的にも法律学的にも誤っている[20]」と述べているのは、まったく正しい。一般的法規範の創設を規律する実質的意味の憲法規範は、法秩序の頂点に位置するものであるから、一般的法規範の創設権者すなわち主権者の変更は、新しい根本規範に基づく別の法秩序の創設と考えられなければならないであろう。法学的に重要なことは、あくまで一般的法規範の創設権者（主権者）に変更があったかどうかということであり、この点を無視することは法学として正しくないように思われる。すなわち、法学的には、革命のメルクマールは、一般的法規範の創設権者（主権者）に変更に求められるべきである。ケルゼンは、『法と国家の一般理論』では、先の論述とはやや異なり、「法学的見地からは、革命の決定的な識別基準は、行われている秩序が転覆され、先の秩序がみずから予想していなかった方法で新たな秩序に置きかえられるということである[21]」と述べている。憲法改正の方法による一般的法規範の創設権者（主権者）の変更は、「先の秩序がみずから予想していなかった方法」に該当するとみることができるであろう。いずれにせよ、一般的法規範の創設権者（主権者）の変更は、たとえそれが憲法改正規定に従って行われた場合でも、もはや憲法の改正ではなく、新憲法（歴史的に最初の憲法）の制定という

---

[20] シュミット、前掲書、34頁。また、同書127頁。長谷部、注41、65頁は、「シュミット自身、改正の限界を示すために憲法制定権力の存在を前提とする必要がないことをイギリスを例をして論証している」と述べている。シュミットは、イギリス議会はイギリス人民の憲法制定権力が決定したもの、すなわち実定的意味の憲法であるから、万能のイギリス議会と言えでも、これを変更しソヴェト国家にすることはできない、それができるのは「全イギリス人民の直接的・意識的な意味のみ」（前掲書、34頁）である、と述べているのであるから、シュミットが憲法制定権力の存在を前提としてイギリス議会の例を述べたことは明らかであるように思われる。

[21] ケルゼン、前掲書、203頁。

法事象として認識されるべきである。別言すると、新しい一般的法規範の創設権者（主権者）の創設は、それが憲法改正の方法によるか否かにかかわらず、革命であり、そこでは、新しい根本規範が想定されていると考えるべきである。事実上可能であることと法的に可能であることを混同してはならない。

憲法改正の手続で、一般的法規範の創設権者（主権者）が変更された場合、すなわち憲法改正の名の下で、新憲法が制定された場合、新憲法の制定者は当然に旧憲法の改正権者である。ここでは、改正権者は旧憲法の憲法改正規定を便宜的に利用して権限外の憲法制定行為をしたということになる。このことは、まさに日本国憲法にも当てはまる。日本国憲法は明治憲法73条の改正手続によって制定された。したがって、法理論的には日本国憲法の制定者は天皇であると考えるほかないのである。

IV シュミットの憲法理論
1 「実定的意味の憲法」概観

カール・シュミットの「実定的意味の憲法 Verfassung im positive Sinne[22]」は、シュミット流の実質的意味の憲法論である。それは、ケルゼンの実質的意味の憲法とはまったく異なる概念である。そこで、純粋法学の立場からシュミットの「実定的意味の憲法」を見ると、それはどのようものと考えられるか、ということが問題となる。

それでは、シュミットの「実定的意味の憲法」とは、どのようなものであろうか。その概観は、シュミットによる憲法概念の区分論から始めるのが妥当であろう。シュミットは、憲法の概念について、次のように述べている。

---

[22] 菅野博士は、Verfassung im positive Sinne を「実定的意味の憲法」ではなく「積極的意味の憲法」と訳すのが適切であるとしている（菅野喜八郎『論争 憲法‐法哲学』（木鐸社、1994年）217頁〔注2〕）。

「この語〔憲法Verfassung—筆者〕は、国家それ自体、しかも政治的統一体としての、または、国家的実存の特殊的・具体的な態様および形式としての個々の具体的な国家を表すことがある。この場合、Verfassung という語は、政治的統一と秩序の全体状態を意味する。ところが、Verfassung という語は、一箇の完結せる諸規範の体系を意味することがある。この場合にも、この語は統一体を表すわけであるが、具体的には実存する統一体ではなく、思考された観念的な統一体を指す。この二つの場合、Verfassung という概念は、ひとつの（実存的または思考された）全体を示すが故に、絶対的である。同時に、今日には、一連の一定の種類の法律をVerfassung と呼ぶ用語法が一般に行われている。その際には、憲法（Verfassung）と憲法律（Verfassungsgesetz）とが同一視される。かくて、個々の憲法律がいずれも憲法として現われうる。したがって、この〔Verfassung〕概念は、相対的となる[23]〔傍点省略〕」。

シュミットの「実定的意味の憲法」とは、形式意味の憲法の中で顕現されているところの絶対的意味の憲法、すなわち「政治的統一体の態様と形式に関する全体決定[24]」のことである。そして、その具体例について、シュミットは、次のように述べている。

「ワイマール憲法については、次のごとき基礎的な政治的諸決定がある。ドイツ人民が、その意識的な政治的実存の力により、人民として下した民主政への決定。これは前文（『ドイツ人民は自らこの憲法を制定した』）および、『国家権力は人民から発する』という第

---

[23] シュミット、前掲書、3-4頁。
[24] シュミット、前掲書、27頁。

一条第二項に表現されている。さらに、『ドイツ国は共和国である』という第一条第一項における・君主政に反対し共和政を採る決定。それから、諸邦を維持する、すなわち、ドイツ国の（同盟ではないにせよ）連邦国家的構造を維持する決定（第二条）。立法と政府の原則的に議会制的－代表制的形式の決定。最後に、基本権と権力の区別という両原理を備えた市民的法治国家の決定。……。ここに挙げられたワイマール憲法の諸規定は、憲法律ではない。……。それ等は、総括規定ないし原則といったようなものでもない。……。これ等の命題はもろもろの法律や規律以上のもの、すなわち、ドイツ人民の政治的存在形式を定め・憲法律の諸規律をも含めて一切のその後の規律の基礎的な前提となる・具体的な政治的諸決定なのである。ドイツ国のなかで存在するすべての法律および規範は、これ等の諸決定の基礎の上でのみ、かつその枠のなかでのみ、効力を有する。これ等の諸決定は、憲法の実体を成す[25]〔傍点省略〕」。

2　「実定的意味の憲法」の法的性格

シュミットの「実定的意味の憲法」の法的性格については、事実であるという見解と規範であるという見解が対立している。例えば、清宮四郎博士は、次のとおり、「実定的意味の憲法」を事実と理解している。

「シュミットは、……実定的（positive）意味のVerfassungという、事実的概念を重視してこれを中心概念となし、それと、法的概念としてのVerfassungsgesetz（憲法律）との区別を特に強調している。実定的意味のVerfassungとは、『政治的統一体の様式および形体についての総体的決定』（…略…）をいう。この意味のV－

---

[25] シュミット、前掲書、31-2頁。

erfassung は、Verfassung 制定権力の行為によって成立するものであって、いまだ、法的当為または規範の世界に属しないで、単なる事実の世界に属する存在である。……。Verfassung 制定行為は、単なる政治的存在形体を決定するものであって、規範を定立するものではない。したがって、実定的意味のVerfassung は、法規範でなくして、単なる事実としての政治的決定である[26]」。

これに対し、菅野博士は、次のとおり「実定的意味の憲法」を当為・規範と理解している。

「決定という語は、決定するという行為を指す場合と決定行為の所産を指す場合との二通りがある。……彼が『憲法』＝実定的意味の憲法とは『国家的実存の態様と形体についての基本的な政治的決定』であるというときの決定が、決定行為の所産、国家の在り方を全体的に規定する法根本則を指すものであることは、……疑いを容れぬ[27]」。「『政治的存在形体を決定する』というのは、例えば、『日本国は立憲民主国家たるべし』といった内容を決定すること、こうした内容の法根本則を定立することなのであって、かかる決定行為の所産は観念的存在たる当為命題である。このような当為命題を『規範』と呼ぶかどうかは規範という語の定義の問題であるが、『或る事態が生起すべきである。とりわけ、人は一定の仕方で振舞うべきだとする観念』の言表を広く規範と呼ぶならば（…略…）、シュミットのいわゆる実定的意味の憲法は、これを規範と呼んで何ら差し支えないだろう[28]」。

---

[26] 清宮四郎『憲法Ⅰ〔第三版〕』（有斐閣、1979 年）2-3 頁
[27] 菅野、『論争憲法－法哲学』、208-9 頁。
[28] 同書 209 頁

「実定的意味の憲法」の本質は事実か、それとも当為かという点については、菅野博士の言うように、当為であると考えるのが正しいのかもしれない。しかし、そのことは直ちに「実定的意味の憲法」が法規範であることを意味しない。実際、シュミット自身も「実定的意味の憲法」を法規範とは見ていなかった。その証拠として、シュミットは、「規範的規律たる一切の法律は、憲法律にいたるまで、効力をもつためには、究極において、政治的に実存する力または権威によって下される所の・法律に先行する政治的決定を必要にする[29]」とか、「実定的意味の憲法」は「法律的な規律ではなく、政治的決定である[30]」とか、「諸決定それ自体は、これを基礎として規範化された憲法律的規律とは質的に異なる[31]」とか述べている。シュミットにおいては、あくまで政治的決定（実定的意味の憲法）は、法律的規律（憲法律）とはまったく異質のものである。

3　純粋法学的視点

　それでは、純粋法学の立場では、シュミットが「実定的意味の憲法」として挙げたワイマール憲法の諸規定は、どのような法的性格を有するものと考えることになるであろうか。

　しばしば引用されるが、ケルゼンは、1923年の著書『オーストリア国法』で、憲法第1条の「オーストリアは民主的共和国である。その法は国民から発する」という原則について、「法技術的観点からすれば、このような、憲法における国家体制の性格についての理論的判断自体は、余計で、法的に無関係である[32]」と述べている。すなわち、ケルゼンは、「オーストリアは民主的共和国である」という規定は、法内容

---

[29] シュミット、（尾吹訳）前掲書、29頁。
[30] シュミット、（尾吹訳）前掲書、54頁。
[31] シュミット、（尾吹訳）前掲書、96頁。
[32] H. Kelsen, *Österreuchisches Staatsrecht*, 1923, S. 164.

の理論的判断を記載した規定、その意味で事実を記述した命題であって、法規範ではないとしている。この理は、当然にシュミットが実定的意味の憲法であるとした「ドイツ国は共和国である」という規定にも当てはまるであろう。そうすると、「ドイツ国は共和国である」という規定は、理論的判断であって、法的には無意味ということになる。

　しかし、ケルゼンの理解は、いささか形式的過ぎるきらいがあるように思われる。というのは、憲法においてよく見られる「○○国は共和国である」というような規定は、理想状態としての国家体制を規定したものであって、決して単に理論的判断を記述したものではないからである。そうであれば、その規定の法的意味は、「○○国は共和国であるべし」という当為命題と見るべきであるように思われる。新博士も、「いやしくも第1条が憲法の一条規である以上、意味上は当為命題、『オーストリアは民主共和国たるべし』『その権利は国民より発すべし』という民主主義・共和主義・国民主権主義の原理を宣言する実定法規範……を規定したものと見るべきである[33]」と述べている。さらに、ケルゼン自身も、条文上の事実命題が実は当為命題であることを否定してはいない。その証拠に、ケルゼンは、「一見事実の叙述のように見える命題において、その意味は、存在についての命題ではなく、命令・許可・授権という当為命題・規範命題だということもある。『他者の財物を窃盗した者は懲役に処される』という刑法の条文があるが、それは文面どおりの事実命題ではなく、その意味は『窃盗犯は処罰されるべし』ないし『〔刑務官には〕その者の処罰権限がある』という規範命題である」（9頁）とか、「法規範も、言葉で、すなわち単語と文章で表現される以上、事実認識を表現する言明の形をとることがある」（74頁）とか述べている。

　しかしながら、たとえ「○○国は共和国である」というような憲法

---

[33] 新正幸『純粋法学と憲法理論』（日本評論社、1992年）129-30頁。

規定の法的意味が「○○国は共和国であるべし」という当為命題であるとしても、純粋法学はやはりこの憲法規定を法規範とは考えないかもしれない。なぜならば、ケルゼンにとって、法規範とは人の行動を指図するものである（参照6頁）ところ、その当為命題は決して直接人間行為を指図することはないからである。憲法は、「○○国は共和国であるべし」というような憲法規定を設けると同時に、当然に、このような憲法規定の実現を図るための具体的実施方法を定める規定も設けている。その場合、「○○国は共和国であるべし」という当為命題は抽象的目的的規範であり、それを具体的に実施するために設けられた当為命題は具体的手段・方法的規範であるということができる。抽象的目的的規範は、具体的手段・方法的規範を通じて実現されることが予定されているため、前者は直接人間の行動を指図しないのである。ここにいう抽象的目的的規範とそれに奉仕する具体的手段・方法的規範という区分は、シュミットのいう実定的意味の憲法と憲法律の関係を私なりに再構成したものであると言っても差し支えない。思考ないし作業の論理的順序としては、まず抽象的目的規範が決定された上で、その後に具体的手段・方法的規範が決定されることになる。しかし、具体的手段・方法的規範が具体的に設定されたとたん、抽象的目的的規範はそれらの実効を通じてのみ実効が図られることになり、抽象的目的規範それ自体が直接人間によって実施されることはないのであるから、法規範とみる必要性はない。この意味で、シュミットが実定的意味の憲法をあくまで政治的決定としただけでなく、それを法律と同じような法的規律として見なかったのは、正しかったと言える。要するに、法規範的に見れば、「○○国は共和国である」という憲法規定は、その意味が「○○国は共和国であるべし」という当為命題があったとしても、法規範としての性格を有しないのである。

　次に、ワイマール憲法前文の「ドイツ人民は、自らこの憲法を制定した」という規定は、どうであろうか。この前文は、シュミットによ

ると、「国家権力は人民から発する」という命題とともに、「国民、換言すれば、自己の政治的実存を意識した・行動能力のある統一体としてのドイツ人民の憲法制定権力を表している[34]」ものである。シュミットによると、「憲法制定権力とは、その力または権威が、自己の政治的実存の態様と形式に関する具体的な全体決定を下すことができる、すなわち、政治的統一体の実存を全体として規定することができる政治的意志である[35]（傍点省略）」。この憲法制定権力が、憲法の妥当根拠である。シュミットは、「真実は、憲法が妥当するのは、それが憲法制定権力（すなわち、力または権威）から発し、憲法制定権力の意志によって定立されるからである[36]」と述べている。しかも、憲法制定権力は憲法制定後も変わらず存続する。シュミットは、「憲法制定権力は、可能性としては、つねに依然として現存し、この権力から派生した一切の憲法、および、この憲法の枠内で効力をもつ一切の憲法律的規定と並び、その上に存在する」と述べて、「憲法制定権力の常在（恒常性）[37]〔傍点省略〕」を主張する。

日本国憲法前文の「日本国民は、……この憲法を確定する」という文言についても、同様に解釈されている。清宮博士は、この文言は「憲法制定権が国民にあること、および、日本国憲法制定の場合の事実を述べたもの[38]」と解釈している。つまり、権限と事実の両方の意味を併せ持つ規定と理解している。

しかし、ワイマール憲法前文の「ドイツ人民は、自らこの憲法を制定した」という命題も、日本国憲法前文の「日本国民は、……この憲法を確定する」という命題も、文字通りドイツ人民または日本国民が

---

[34] シュミット、前掲書、76頁。
[35] シュミット、前掲書、96頁。
[36] シュミット、前掲書、12頁。
[37] シュミット、前掲書、118頁
[38] 清宮、前掲書、34頁。同旨58頁。

憲法を制定したという事実を述べた規定であって、ドイツ人民又は日本国民が憲法制定権を現に有することを定めた規定、憲法制定権を授権する法規範ではないと考えるべきである。それらの前文の規定をもって、ドイツ人民又は日本国民が憲法制定権を有するという規範であると見ることは、「〜である」という事実命題から「〜であるべき」という規範を引き出す論理的不可能事を犯している。また、仮に憲法において何人に憲法制定権が有するかを定めた規定が置かれたとしても、それは法的には無意味であると考えるべきであろう。なぜなら、その規定に定められた憲法制定者以外の者が制定した憲法であっても、その憲法が実効性を有するに至ったならば、有効な憲法となるからである。憲法制定権力は、法に基づかない事実的実力であって、事前に法によって特定の機関に授権され得るような権限とみることはできない。憲法制定権力は、事後的に根本規範によって授権されていたと見なされることしかできない権力である。

4　憲法制定権力概念不用論

　菅野博士によると、憲法制定権力概念は憲法学にとって不用である。博士は、次のように述べている。

　「……国民の憲法制定権力論とは、『超法的存在としての国民による、国家組織の根本についての政治的決定は、その内容が何であれ、それに従うべきである』といった趣旨の超実定法規範に実定最高法規たる積極的意味の憲法の妥当根拠を求める学説、いわば絶対民主主義的自然法論ということになる。……。このような超実定法規範、絶対民主主義的自然法の存在は肯定できない。このような規範を認めることは憲法の妥当性を無に帰せしめることになるという……実際的考慮に加えて、およそ規範の本質からして普遍妥当性を持つ

自然法といったものは在りえないという理論的理由による[39]」。「憲法制定権力概念に期待されている、少なくとも一つの実践的役割は、憲法制定行為を法的能力の行使として積極的に正当化することに在ると見られるが、憲法制定行為、歴史的に最初の憲法の定立行為、法的意味での革命の積極的正当化は憲法学の任務ではない[40]」。

長谷部教授も、憲法制定権力概念不用論者である。教授は、「シュミットの議論においては、始源的憲法典の法学的正当化を支えるものとしての憲法制定権力が想定されているかに見える。……。しかしながら、形なくして形作る者として人民が直接に憲法を制定することは実際にはありえない。この神秘的力による正当化がありえないとすると、憲法制定権力の存在意義も大幅に縮減する[41]」などと述べている。

憲法学にとって憲法制定権力概念が不要であると理由として、菅野博士は、憲法制定権力が憲法を正当化するものであることを挙げているのに対し、長谷部教授は、憲法制定権力が憲法を正当化しないことを挙げているのは、興味深い。もっとも、長谷部教授はシュミットの論理には無理があるといっているに過ぎないし、菅野博士と長谷部教授とでは「正当化」の意味が相違するであろう。

それでは、果たして、菅野博士や長谷部教授の言うように、憲法制定権力という概念は憲法学にとって不要であるだろうか。

それは、憲法制定権力という言葉をどのように使用するかということによるであろう。法は人間が創設するものである。憲法も、現実に存在する特定の人間又は人間集団によって創設されたものであり、それを創設した法的権威は存在する。いかなる憲法にも憲法制定者は存

---

[39] 菅野、前掲書、226-7 頁。
[40] 菅野、前掲書、233 頁。
[41] 長谷部恭男「憲法制定権力の消去可能性について」長谷部恭男ほか編集『岩波講座憲法6憲法と時間』(岩波書店、2007 年) 56 頁。

在する(慣習の場合も)。したがって、何人が憲法を制定したかの問題は、憲法と密接に関係する以上、憲法学の対象外とすることは到底できない。つまり、憲法制定権力を行使された権力として捉えようとする限り、それは不用とは言えないように思われる。

また、国民が憲法制定権力を発動したと理解できるのは、どのような場合か、などを論じることは、ある憲法の制定権威が国民であるかどうかの判断基準を提供するものであり、憲法学にとって必ずしも不要とは言えないように思われる。この意味での憲法制定権力論は、必ずしも憲法を正当化するとは限らない。反対に、正当化を否定する場合も十分あり得る。

しかし、何人が憲法制定権を有するかという権利問題を論じること、憲法制定権力は国民だけが有するというような主張は、菅野博士の言うとおり、自然法論上の問題であって、実定憲法学上の問題ではない。つまり、憲法制定権力を行使されるべき権力として捉えるようとする限り、それは不用であるように思われる。

V おわりに

これまでの議論の結果をまとめると、次のようになる。

第一に、形式的意味の憲法の諸規定は、次のような性格を有するものに分類可能である。

A 法規範の性格を有する規定
① 実質的意味の憲法:一般的法規範の創設を規律する法規範
  ・ 法律制定を規律する法規範(機関、手続、内容)
  ・ 憲法改正規定(機関、手続、内容)
② 硬性法律:実質的意味の憲法に該当しない形式的意味の憲法
  ・ 行政機関及び司法機関に関する規定
  ・ 人権保障規定

B　法規範の性格を有しない規定
　③　目的規定：国家体制に関する規定
　④　事実規定：誰が憲法を制定したかを述べる規定
　⑤　不能規範規定：誰が憲法制定権を有するかを定める規定

　目的規定の例としては、国家体制規定のほかに、人権保障の目的である憲法13条の個人尊重の原則をあげることができるであろう。
　第二に、憲法改正の限界については、一般的法規範の創設権者、すなわち主権者を変更すること以外は法的に可能である、すなわち、それ以外の実質的意味の憲法の改正はもちろんのこと、憲法改正規定の改正も改正禁止規定の改正も法的に可能であると考えられる。これに対し、一般的法規範の創設権者（主権者）の変更は、事実上可能であっても、それは法的には不可能である。なぜなら、それは、もはや法的には新憲法の創設、新しい法秩序の創造と見なされるからである。

第3章　根本規範論に関する二つの問題

I　はじめに

　ハンス・ケルゼンによれば、法秩序においては、法規範は別の法規範に基づいて創設されるが故に効力を有する。すなわち、法規範の効力根拠は別の法規範である。例えば、裁判所の判決や行政機関の行政行為が効力を有するのは、法律に基づいて創設されたからである。すなわち、判決や行政行為の効力根拠は法律である。その法律が効力を有するのは、憲法（実質的意味の憲法）に基づいて創設されたからである。すなわち、その法律の効力根拠は憲法である。

　それでは、憲法が効力を有するのは、何故か。憲法は、法秩序の頂点に位置する法規範であるから、別の法規範に基づき創設されたわけではない。それなのに、何故憲法は有効な法規範であるのか。この問題に対し、ケルゼンは、憲法が有効な法規範であるのは、根本規範を前提としてそう解釈（理解）しているからである、別言すると、憲法の効力根拠は根本規範である、と答えた（その詳細は後に見る）。これが、ケルゼンの根本規範論である。

　根本規範論は、純粋法学の中でも最も批判の多い理論である。長尾龍一教授によると、「純粋性を標榜するハンス・ケルゼンの法理論が、その体系の頂点をなす根本規範のところで急に、『不純』になり、この一番肝心なところで破綻した、とは、ほとんど人口に膾炙したケルゼン批判である[1]」。また、新正幸博士によると、「ケルゼンは、……根本規範を純粋法学の理論的・体系的頂点におき、極力その必要性・重要性を強調しているが、彼がそれを強調すればするほど、そしてそれを

---

[1]　長尾龍一『ケルゼン研究 I』（信山社、1999 年）315 頁。

詳しく論ずれば論ずるほど、彼自身の改説とあいまって、ますますその本質がよくわからなくなるという実に不思議な性格を備えている[2]」。

いずれにせよ、ケルゼンの根本規範論はほとんど支持されていないのが、現状である。しかし、私は、ケルゼンの根本規範論には全面的に賛成できないものの、具体的に言えば、ケルゼンの根本規範の定式については、修正されるべきであると考えているものの、純粋法学にとって根本規範の概念は不用であるいう見解（根本規範不用論）には賛成できない、と考えている。その意味で、私は、修正的根本規範論支持者である。

本章の目的は、ケルゼンの根本規範論において最も重要と思われる二つの問題を検討し、上述の私の立場を説明することにある。

なお、根本規範については、国内法秩序のそれと国際法秩序のそれの2種類のものを論じ得るが、本章では、前者のみを議論の対象とし、後者は議論の対象としていない。

II　根本規範論の概要と二つの問題

ケルゼンが純粋法学に根本規範論を取り入れたのは、1914年であるとされる[3]。以後、根本規範論は、純粋法学の中で重要な理論の一つであり続けるが、ケルゼンの最晩年には改説も見られる[4]。しかし、従来から主に議論の対象とされてきたのは、改説前の根本規範論、具体的には『法と国家の一般理論』（1945年）や『純粋法学第二版』（1960年）の根本規範論である。ここでも、改説前の根本規範論が議論の対

---

[2]　新正幸『純粋法学と憲法理論』（日本評論社、1992年）119頁。
[3]　長尾龍一訳『国法学の主要問題』（第二版）序文、新ほか訳『ハンス・ケルゼン著作集IV』（滋学社、2009年）132頁。
[4]　改説後の根本規範論については、菅野喜八郎『続・国権の限界問題』（木鐸社、1988年）125頁以下及び高橋広次『ケルゼン法学の方法と構造』（九州大学出版会、1996年、新装版）251-2頁を参照。また、改設前の根本規範については、菅野喜八郎『国権の限界問題』（木鐸社、1978年）115頁以下を参照。

象である。

　それでは、根本規範論とは、どのような理論であろうか。ケルゼンは、『純粋法学第二版』の第6節「法秩序」で、次のように根本規範を説明している。

　「この憲法が歴史上最初の憲法である場合、それを憲法と解釈することは、『人はその行為の主観的意味に従って行動すべきである』『憲法と解釈された諸規範の定める条件に従い、定めるような仕方で、強制行為を設定すべきである』と前提した（voraussetzen）場合にのみ可能である。即ち、憲法制定と解釈されるべき行動を客観的拘束力をもった規範設定行為と見做し、この行為を設定した人々を憲法制定権威と見做す、という規範を前提することによってのみ、この解釈が可能となる。この規範は、（…略…）国家法秩序の根本規範（Grundnorm）である。根本規範は実定的法行為によって制定された（gesetzt）ものではなく、（…略…）我々がこの行為を憲法制定行為と解釈し、この憲法を基礎として設定された行為を法行為と解釈するならば、前提されている（vorausgesetzt）ものである。この前提を認識することが法学の不可欠の役割であり、この前提の内に、法秩序の効力根拠が存在するのである。この究極的効力根拠は、その本質上条件付きのものに過ぎず、その意味で仮説的なものに過ぎない」（ハンス・ケルゼン（長尾龍一訳）『純粋法学第二版』（岩波書店、2014年）45頁。以下、括弧内で示した頁数は同書の頁数である）。

　この説明は、『純粋法学第二版』の第34節「規範秩序の効力根拠、根本規範」で詳細に根本規範を論じる前に行われた概要的説明であるが、ここに根本規範論の全てが集約されているといってよい。それでも、さらにケルゼンの考えを知るために、同書第34節及びその他の箇

所からいくつかの叙述を拾いながら、根本規範の特徴をまとめてみると、以下のようになる。

第一に、根本規範は授権規範である。より具体的に言えば、根本規範は、憲法制定権を授権する規範である。根本規範と憲法との関係は、動的原理に基づく上下関係である。その証拠として、ケルゼンは、①「動的型の特徴は、前提された根本規範が授権創造要件のみを示すことである。即ち規範設定権威への授権であり、この根本規範を基礎として一般的・個別的規範を創造するルールを示すことである」(189頁)、②「根本規範がなすことは、規範設定権威に授権すること、この規範体系に属する規範を創造するルールを定めることのみ」である（190頁)、③「……前提された根本規範は、単に一つの規範設定権威に動的原理に従って授権するのみ」である（190-1頁）などと述べている[5]。根本規範は憲法制定権を授権する規範であるから、「内容的規範ではない。即ち直接的明証性をもった内容の故に最上位規範として前提され、そこから一般から個別への論理操作によって人間行動の規範が導き出されるような規範ではない」(191頁)。「従っていかなる内容でも法となり得るのである」(同頁)。

第二に、根本規範は、異なる二つのタイプで定式化され得る。第一のタイプは、①「憲法の定めるように行動すべし」(194頁)、②「人は、憲法の命ずるように、憲法制定という意志行為の主観的意味に適合するように、憲法立法者の命令に従って、行動すべきである」(195頁)、③「憲法制定者の命令に従うべし」(197頁)、④「事実として設定され、概して実効的な憲法、及びその憲法に従って設定された概し

---

[5] ケルゼンは、『法と国家の一般理論』でも、「実証主義の究極の仮説は歴史的に最初の立法者に授権する規範である。この根本規範の全役割は、最初の立法者の行為およびこの最初の行為に立脚するすべての他の行為に法―創設権力を付与することである」と述べている（ハンス・ケルゼン（尾吹善人訳）『法と国家の一般理論』（木鐸社、1991年）201-2頁）。

て実効的な規範は遵守されるべきである」(204頁)などであり、第二のタイプは、⑤「人間の人間に対する強制は、歴史上最初の憲法の定めた仕方で、その条件に従って行使されるべきである」(48頁)、⑥「強制行為は、歴史上最初の憲法及びそれに従って設定された諸規範が定める要件下で、それが定めるように設定さるべし」(194頁)、⑦「強制行為は、新憲法及びそれに従って選挙された議会、議会の制定した規範の授権を受けた諸機関が創造・適用する一般的・個別的規範の定める要件や方式に従って設定されるべきである」(202-1頁)などである[6]。

　第三に、根本規範は、実効的憲法を有効な法と見なす際、憲法制定行為の「解釈図式」(5頁)として、思考上、必然的に前提される規範である。その証拠として、ケルゼンは、①「……根本規範は、慣習憲法の場合には、憲法を成立させる慣習を規範創造要件と解釈する際前提される規範であり、立法的憲法制定の場合には憲法制定者としての個人や集団を規範制定権威と見做す際前提される規範である」(192頁)、②「憲法制定という事態、及びそれによって設定された事態の主観的意味を、客観的意味として、客観的効力をもつ法規範と解釈することを可能とするのは、ただ根本規範という前提のみである」(195頁)、③「実証主義法学は、歴史的に最初の憲法の制定者を最高の法権威と見做す。……。実証主義的法学のなし得ることはただ、この規範〔「憲法制定者の命令に従うべし」という規範──筆者〕が、法規範の客観的効力を基礎づける際に、それ故概して実効的な強制秩序を客観的効力

---

[6] 『法と国家の一般理論』においても、次のように、根本規範が定式化されている。「人は、最初の憲法を定めた個人または諸個人の命ずるように行動すべきであると要請される。これが、今考えている法秩序の根本規範である」(ケルゼン、前掲書、200頁)。「……法秩序の根本規範は、人は憲法の『父祖達』および──直接または間接に──その憲法によって授権(委任)された諸個人の命ずるように行動すべし、と言う。法規範の形で表現すると、強制行為は、もっぱら憲法の『父祖達』または彼等が委任した諸機関が定める条件の下、またその定める方法においてのみ実行せらるべし、ということになる」(同201頁)。

をもつ法規範体系として解釈する際に、根本規範として前提されていることを認識するのみである」（197頁）、④「純粋法学は、実定法、即ち概して実効的なすべての強制秩序を、客観的に有効な規範秩序として記述し、この解釈が根本規範を前提するという条件の下でのみ可能であり、それによってのみ法創造行為の主観的意味が客観的意味となるのだ、ということを認識する」（210頁）などと述べている。また、根本規範の前提は、法思考にとって必然であるため、法学にとって「先験論理的条件」（195頁）である。

第四に、実効的憲法を有効な法と見做す思考において前提とされる根本規範は、そう見なす者によって思考された当為命題である。その証拠に、ケルゼンは、①「根本規範は意志された規範ではあり得ないが、諸規範の客観的意味を基礎づけるためには、三段論法の大前提においてその根拠を示すことが論理的に不可欠であるとすれば、それは思考された規範でしかあり得ない」（196頁）、②「……この根本規範は意志された規範ではなく、まして法学（法学を営む人間）が意志したものでもあり得ない。この規範（より正確には命題（Aussage））は実定法規範の客観的効力の基礎づけには論理的に不可欠なものであり、思考された規範（gedachte Norm）でしかあり得ない」（197頁）、③「……根本規範は、意志行為によって設定された（gesetzt）ものではなく、法学的思惟によって前提された（vorausgesetzt）ものである」（23頁）などと述べている。それ故、根本規範は、規範という名称が付されているものの、実は、憲法や法律等と同じ意味における法規範、言葉の真の意味における法規範ではないということになる。

第五に、根本規範の前提という思考は、従来から法律家が行ってきたものである。ケルゼンは、「純粋法学は、その根本規範に理論によって、法認識の新奇な方法を創始したという訳ではなく、ただすべての法律家がたいてい無意識に行っていることを意識に上らせたに過ぎない。……。根本規範の理論は、実証主義的法認識が従来から適用して

きたようなやり方を分析した結果に過ぎない」（197-8 頁）と述べている[7]。

　以上が、ケルゼンの根本規範論の概要である。このような根本規範論については、いろいろな批判があるかもしれないが、最も重要と考えられる問題は次の二つである。

　第一は、一体、根本規範の性格及び内容はどのようなものであるか、という問題である。具体的には、ケルゼンによる根本規範の定式は、果たして根本規範は授権規範であるという説明と整合的であるか、という問題である。

　第二は、我々は、根本規範を前提しなければ、実効的憲法を有効な法と見なすことはできないのか、という問題である。すなわち、実効的憲法を有効な法と見なすという法思考において、根本規範の前提は必然（又は必要）であるのか、という問題である。

　以下、この二つの問題を順次検討してみたい。

III　根本規範の内容問題

　先に見たように、根本規範は授権規範であり、根本規範と憲法との関係は動的原理に基づく上下関係である。このことは、「もっぱら国家法秩序を考察するならば、その根本規範〔は、それ〕自体は、上位規範の適用ではないが、憲法の創造を規律している。憲法の創造は根本規範の適用である」（226 頁。〔　〕は筆者）という言葉からも、裏付けられる。そして、ケルゼンが「機関の決定は、上位規範と下位規範の間の関係で定められるべき最低限である」（227 頁）と述べていること

---

[7]　ケルゼンは、『法と国家の一般理論』でも、同様のことを述べている。「根本規範を定式化することで、われわれは別に法の科学のなかに新たな方法を持ち込むわけではない。われわれは、ただ、すべての法律家が、多くは無意識に、実定法をたんなる事実の集合としてではなく妥当する諸規範の一体系と考え、しかも同時にそこから実定法が妥当性を受け取る自然法を否定する場合に想定していることを明示的にするだけである」（ケルゼン、前掲書、202 頁）。

を踏まえるならば、根本規範は、実際に歴史的に最初の憲法（革命憲法）を制定した個人Ａ又は集団Ｂに憲法制定を授権する規範であるということになるように思われる。また、そうであるとすると、根本規範の内容は、「（実際に憲法を制定した）個人Ａ又は集団Ｂは憲法を制定すべし」——より法学的に表現すれば、「個人Ａ又は集団Ｂは、一般的法規範を創設する機関及び手続を決定すべし」、政治学的に表現すれば、「個人Ａ又は集団Ｂは国家統治者（または国家支配者）を決定すべし」——と定式化されるのが妥当ということになる。

　根本規範の内容が「個人Ａ又は集団Ｂは憲法を制定すべし」というものであるとき、根本規範は「憲法の創造を規律している」、すなわち憲法制定権を授権していると言うことができるし、個人Ａ又は集団Ｂの憲法制定行為は「根本規範の適用である」、すなわち、根本規範の執行である、とか、根本規範に基づく行為であるなどと言うことができる。別言すると、根本規範の内容がそのようなものであるとき、根本規範は憲法制定行為の解釈図式として機能する。根本規範が「憲法制定と解釈されるべき行動を客観的拘束力をもった規範設定行為と見做し、この行為を設定した人々を憲法制定権威と見做す、という規範」（45頁〔再掲〕）であるならば、その内容は、「憲法制定者は憲法を制定すべし」ということにならざるを得ないように思われる。

　このような定式を歴史的事例に当てはめると、例えば、フランス革命時の1791年憲法の場合、それは憲法制定国民会議が制定したものであるから、その根本規範は「（国民代表の）憲法制定国民議会は憲法を制定すべし」ということになり、1787年のアメリカ合衆国憲法の場合、それは諸州の批准によって制定されたものあるから、その根本規範は、「諸州（又はフィアデルフィア憲法制定会議）は憲法を制定すべし」ということになる。すなわち、フランス1791年憲法およびアメリカ合衆国憲法が有効な法と理解されるとき、そこではそのような根本規範が前提とされている、ということになる。

もしこのような考えがケルゼンの根本規範論であったとしたら、我々は困惑することなく、ケルゼンの根本規範論を理解できるかもしれない。しかしながら、先に見たように、実際にケルゼンが行った根本規範の定式は、「憲法制定者は憲法を制定すべし」ではなく、「憲法の定めるように行動すべし」とか、「強制行為は、歴史上最初の憲法及びそれに従って設定された諸規範が定める要件下で、それが定めるように設定さるべし」とかいうものであった。これは、明らかに実際の憲法制定者に憲法制定を授権する内容のものではない。ケルゼンの定式では、動的原理における上位規範と下位規範との最低限の関係であるところの機関の決定、すなわち、憲法制定者の決定が何ら示されていないのである。別言すると、ケルゼンの定式は、憲法制定行為の解釈図式となっておらず、憲法制定者を「憲法制定権威と見做す」ことができないのである。

　ところで、先に見たように、ケルゼンによる根本規範の定式には、異なる二つのタイプが見られた。第一のタイプは、「憲法の定めるように行動すべし」というように、人がなすべきこととして、憲法の遵守を指図するものであり、第二のタイプは、「強制行為は、歴史上最初の憲法及びそれに従って設定された諸規範が定める要件下で、それが定めるように設定さるべし」というように、適切な表現ではないかもしれないが、法秩序の普遍的内容ないし法秩序全体において強制規範を構成する一切の法の内容を極度に抽象化したものである。このように、ケルゼンの根本規範の定式には二つの異なる種類のものがあるということも、我々を困惑させるものの一つである。しかし、以後、第二のタイプの定式は考慮しないことにするのが妥当であろう。なぜなら、それは、法の静態的理論の観点から、根本規範を含めた法秩序全体において強制がどのように設定されるべきかを述べた法命題であり、厳密には、根本規範だけを対象とした定式化ではないからである。ケルゼンは、根本規範は直接には憲法に関わるが、「間接にはこの憲法に

従って創造され、概して実効的な強制秩序に関わること」（194 頁）であるとしているが、間接的に関わる法秩序全体のことまで根本規範の内容に入れる必要はないように思われる。

　そこで、我々の議論の対象は、第一のタイプの定式のみということになるが、それは、明らかに、既に述べたように、特定の機関に対し憲法制定権を授権するもの（授権規範）ではなく、人に対し憲法の遵守を指図するもの（命令規範）である。このことも、我々を困惑させる。憲法は法の一種であるから、「憲法の定めるように行動すべし」という命題は、より一般的な「法の定めるように行動すべし」、すなわち「法を遵守すべし」という命題から静的原理によって導出可能な命題である。別言すると、「憲法の定めるように行動すべし」という当為命題は、「法を遵守すべし」と当為命題を前提としたものである。そうであるとすると、実質的究極的根本規範は、人に対し法一般の遵守を指図する規範ということになる。しかし、「法を遵守すべし」という規範は、法に従うことは良いことであるという価値判断に基づいた、ある種の道徳規範にほかならない。そうであるならば、根本規範は仮説でも何でもなく、単なる実定道徳規範ということになる。すなわち、ケルゼンの根本規範論は、実定法の最終的効力根拠は「法を遵守すべし」という実定道徳規範であると言うに等しいのである。

　しかし、これは、当然、ケルゼンの真意ではないであろう。したがって、ケルゼンが、根本規範の性格を論じる場面では、根本規範を授権規範であると特徴づけながら、その内容を定式化する場面では、根本規範を人に憲法の遵守を指図する内容のもの——しかも「法を遵守すべし」という実定道徳規範から導出可能な規範——としたのは、実に不可解としか言いようがない。そこには、深刻な齟齬が生じているように思われる。

　この齟齬を解消する理解として、「憲法の定めるように行動すべし」という定式は、暗黙に誰にでも憲法制定を授権する規範（白地授権規

範)を前提としている、または、そうした規範を含んだ命題であると見ることも、可能であるかもしれない。つまり、「憲法の定めるように行動すべし」というのは、「誰が制定した憲法であっても、それが実効的となった場合は、その憲法の定めるように行動すべし」という意味であると解することもできるかもしれない。しかし、こうした前提または含意は、あくまでも暗黙のものである上、本来、別の独立した法事態（法状態）として表現されるべきものである。また、こうした前提又は含意があるからといって、「憲法の定めるように行動すべし」という命題の性格が、徹頭徹尾授権規範となるわけではない。「憲法の定めるように行動すべし」という命題それ自体は、誰の目から見ても明らかに人に対し憲法の遵守を指図するものであり、これを授権規範の性質をも併せ持つというのは、強弁のそしりを免れ得ないように思われる。ついでに言えば、そもそも白地授権というのは、特定の機関に対する授権規範が存在しない事態ないし状態のことをいうのであるから、言葉の真正な意味での授権規範ではないであろう。

　このことは、「憲法制定者の命令に従うべし」という定式でも同じである。この定式では、一応「憲法制定者」という機関が指定されているため、明示的に授権規範を前提又は含意しており、その意味で授権の性格を併せ持つ規範であるということができるかもしれない。しかし、「憲法制定者の命令に従うべし」という命題は、「憲法制定者は命令すべし」や「憲法制定者は憲法を制定すべし」という命題とは根本的に異なる。なぜならば、その命題は、「憲法制定者」が何をなすべきかについて何も述べていないからである。その命題は、「憲法制定者」に対し一定の行為を指図するもの又はある一定の権限を授権するものではなく、あくまで人に対し憲法制定者の行為結果である「命令」（＝憲法）に従うことを指図するものである。したがって、その命題の性質は、命令（＝憲法）の遵守を指図するものであり、先の「憲法の定めるように行動すべし」という命題と本質的に同じである。

結局、ケルゼンの定式は、憲法制定行為の解釈図式として機能するものではなく、言葉の真の意味における授権規範とみることは極めて困難である。長尾教授は、「どの時期においても、ケルゼンが挙げた事例は授権規範であって、その点には少しも変化はない[8]」と述べているが、これにはとても賛成できない。因みに、長尾教授は、「根本規範の問題は、ケルゼンの問題ではなく、革命がおこれば、当然のことのように新憲法の注釈を始める実定法学者の問題なのであり、ケルゼンはただそのことを明らかにしたに過ぎないのである[9]」と述べているが、その通りであるにしても、もし革命憲法の注釈を始める実定法学者が、革命憲法を正当化するに当たり、憲法制定者には憲法を制定する権限があったとか、憲法制定者は憲法制定権を授権されていたなどと説明するのであれば、そこで語られているのは、まさに「憲法制定者は憲法を制定すべし」という根本規範であって「憲法の定めるように行動すべし」という根本規範ではないであろう。

　Riccardo Guastini は、ケルゼンの根本規範は授権規範と命令規範という二つの、「困惑させる混合的性質をもつように見える」と指摘した上で、その混合的性質の可能性を検討し、結局「ケルゼンは、根本規範の性質——内容と論理的ステイタス——に関し、何ら明確で、筋の通った見解を持っていない」と結論づけている[10]。しかし、私は、ケルゼンの真意は、根本規範は徹頭徹尾授権規範であるということにあったと考えている。なぜなら、ケルゼンは、根本規範の性格を論じる場面では、首尾一貫してそう説明しているし、それが純粋法学の描く法体系にも適合的であるからである。したがって、ケルゼンが根本

---

[8] 長尾、前掲書、323 頁。
[9] 同書 319 頁。
[10] *See* Riccardo Guastini, 'The Basic Norm Revisited' in: Luís Duarte d'Almeida, et al., *Kelsen Revisited New Essays on the Pure Theory of Law*, Hart Publishing, 2013, pp. 65-69.

規範を、「憲法の定めるように行動すべし」というように人に対し憲法の遵守を指図するものとして定式化したことは、極めて不適当であり、ケルゼンの失敗であったと思われる。ケルゼンは、根本規範の内容を単純に「憲法制定者は憲法を制定すべし」と定式化すべきであったのである。根本規範の内容は、このようなものに修正されるべきである。

私には、なぜケルゼンが根本規範の内容を単純に「憲法制定者は憲法を制定すべし」と定式化しなかったのか、その理由は分からない。もしかしたら、そこには、何かしら深い考えがあったのかもしれないが、それは不明である。ともかくケルゼンの根本規範論は、その性格とその内容の定式化との間に齟齬がある点で、我々を困惑させるものであるということは間違いない。

IV 根本規範の前提問題

既に見たように、ケルゼンによれば、根本規範は、実効的憲法を有効な法と見なす際、前提とされるものである。それは、憲法制定行為の解釈図式として想定されるものである。我々は、憲法制定行為の法的解釈なしに実効的憲法を有効な法と見なすことはできない。根本規範の前提、すなわち、憲法制定行為の法的解釈は、実効的憲法を有効な法と見なす思考において必然（又は必要）である。

新博士も、このような見解に与している。新博士は、「憲法制定行為を法的に根拠づける規範を認めることは、法理論上可能であるのみならず、そもそも、もしかかる規範が想定されないとすれば、ある人または人の集団を憲法制定者と解し、その意思行為の意味を憲法と解することは、法理論上不可能[11]」と述べている。

そこで、根本規範の前提なしで実効的憲法を有効な法と見なすことは本当にできないのか、別言すると、憲法制定行為の法的解釈を離れ

---

[11] 新、前掲書、177頁。

て、単に実効的憲法だけを有効な法と見なすことはできないのか、ということが、問題となる。これこそが、根本規範の概念の要否に係る核心的論点である。もし根本規範の前提なしで、すなわち、憲法制定行為の法的解釈をしなくても、実効的憲法を有効な法と見なすことが思考上可能であるならば、根本規範の概念は実に不用であり、ケルゼンの根本規範論は成り立たないことになる。

　そうであるから、根本規範不用論は、まずもってこのことを主張するものでなければならない。そうでなければ、ケルゼンとの議論は嚙み合わない。例えば、「授権・被授権、上位法・下位法というカテゴリーの適用を実定秩序内に限定し、実定秩序のいわば始発点ともいうべき歴史的に最初の憲法の方は単にその妥当性を想定するに止めても、結果は変わらない[12]」とか「〈法体系の外にあってその妥当根拠となる根本規範〉という観念の助けなしにも法を理解できるし、法体系の一体性を説明できる[13]」とかいうような批判は、思考経済的観点又は結果論的観点から、根本規範概念の不用を主張するものである。このような批判は、実効的憲法を有効な法と見なす思考において根本規範の前提、すなわち憲法制定行為の法的解釈が必然（又は必要）であることを何ら直接否定するものではないから、根本規範不用の根拠としては、せいぜい2次的・追加的地位しか認められない。思考経済的観点又は結果論的観点から見れば、根本規範は不用というのは正しいのかもしれない。「純粋法学は、実定法、即ち概して実効的なすべての強制秩序を、客観的に有効な規範秩序として記述」（210頁）するものである。この記述は、その解釈が根本規範を前提としているか否かに関わらず、成立するから、根本規範論なき純粋法学も十分に成立する。しかし、問題は、そういうことにあるのではない。問題は、あくまでも

---

[12] 菅野、『続・国権の限界問題』、133頁。
[13] 森村進『法哲学講義』（筑摩選書、2015年）104頁。

実効的憲法を有効な法と見なす思考において、根本規範の前提、すなわち憲法制定行為の法的解釈が必然（又は必要）かどうか、という点にある。根本規範の前提が不用かどうかは、もっぱら法思考の観点から、議論されなければならない。

こうしたことに留意して、いくつかの根本規範不用論をみることにしよう。世界的に有名はH. L. A. ハートの根本規範不用論は、次のように、根本規範を「不必要な重複」と指摘している。

「ケルゼンの根本規範は、ある意味で、常に同一内容である。それは、すべての法秩序において、憲法あるいは『最初の憲法を制定した者』が従われるべきだ（General Theory, pp. 115-16）というルールに他ならないからである。この単一性と単純性の見せかけはミスリーディングかも知れない。もしさまざまな法源を特定する憲法が——当該秩序の裁判官や公務員が実際に、この憲法が供与する標識に従って法を同定するという意味で——現実の存在なら、その憲法は受容されており、現に存在する。憲法（やそれを『制定した』者）が従われるべきだというさらなるルールが存在すると示唆するのは、不必要な重複のように思われる[14]」。

ハートは、根本規範を授権規範とは見ていないようである。このことは、ケルゼンの定式が原因であるから、その責めをハートに負わせることはできないかもしれないが、それにしても、ハートの趣旨は分かりやすいものではない。ハートは、憲法が従われるべきだというルールが、一体何と重複していると考えているのだろうか。それは、おそらく言葉の通り規範と規範との内容的重複のことをいうのではないで

---

[14] H. L. A. ハート（長谷部恭男訳）『法の概念〔第3版〕』（ちくま学芸文庫、2014年）507頁。

あろう。ハートの理論をよく知らない私には、ハートの趣旨がよくつかめないのである[15]。

ハートに比べれば、森村進教授の主張は明瞭である。森村教授は、「根本規範の想定は法体系の存在のために必要ない[16]」と主張するが、その主な理由は、次のとおりである。

「法律家や公務員が憲法を頂点とする法秩序に従っているのは、まさにその秩序自体に従うべき何らかの理由を見出しているからであって、その秩序よりも一段上位にある『憲法に従うべし』という根本規範を（暗黙のうちにであれ、意識してであれ）受け入れているからではない、と考えるのが現実的であろう[17]」。

しかし、この批判は、ケルゼンと議論が噛み合っていないように思われる。というのは、森村教授は、憲法が実効的である原因は根本規範の受容以外のところにあると主張しているが、ケルゼンは、憲法が実効的である原因として根本規範の前提を主張しているわけではないからである。そもそも法の実効原因が何であるかという問題は社会学的法学の問題であり、純粋法学の問題ではない。法の実効原因は、純

---

[15] 島津格教授によると、ハートの趣旨は、「憲法の一部としての承認のルールは、法の同定に際し、そのルールが実際に使用されているという事実によって『存在』するのであるから、『憲法（または憲法制定者）に従うべし』という、画一的内容をもった根本規範のようなルールをさらに想定することは（承認のルールと別に『承認のルールに従うべし』というルールを設けることであり）、余計なことになる」ということである（島津格『問いとしての〈正しさ〉―法哲学の兆戦』（NTT出版、2011年）26頁）。また、Guastiniは、「重複という非難は、根本規範と（最初の）憲法は二つの明確に区別できる特徴、すなわち両者とも実効的であり、両者とも妥当していないという特徴を共有しているという事実に基づいている」と述べている（Guastini, *op. cit.*, p. 70.）。両者の理解は同じではない。

[16] 森村、前掲書、102頁。

[17] 同頁。

粋法学にとってどうでもよいことである（本書第1章Ⅲ参照）。森村教授が、根本規範が憲法の実効原因であるかどうかを問題にしているのは、ハートと同様に、「憲法に従うべし」という根本規範を、文言の通り憲法に従うよう指示する規範であって、憲法制定者に憲法制定を授権する規範とは見ていないからであろう。いずれにせよ、森村教授の批判は、実効的憲法を有効な法と見なす思考において、根本規範の前提、すなわち憲法制定行為の法的解釈が必然（又は必要）でない理由については、直接には何も解答していない。

先のGuastiniは、根本規範に「不必要な重複」と「逆説的結果」の二つの批判があることを理由にして、「法システムの究極的規範的基礎づけの問題は単純に間違った問題」であり、「法システムの基礎は、単純にその（歴史的に最初の）憲法である。さらなる『基礎づけ』はまったく要求されない」と述べている[18]。ここにいう「不必要な重複」とは、先に見たハートの批判のことであるが、既にみたように、ハートの批判の趣旨はよくわからないものである。また、「逆説的結果」とは、根本規範の前提が事実上の非法的権力である憲法制定権力を法的権力に転換することを指しているが[19]、私には、なぜそのことが「逆説的」であるのか、また、なぜそのことが根本規範論に対する批判となるのか、よく分からない。ケルゼンによれば、「昔起こったことの規範的解釈は、事後に制定された別の規範によって事後的に変更することができる」（15頁）。根本規範もまさにこれと同じである。いずれにせよ、Guastini も、実効的憲法を有効な法と見なす思考において、根本規範の前提が必然（又は必要）でない理由については、直接には何も解答していない。

これらに対し、菅野喜八郎博士は、実効的憲法を有効な法と見なす

---

[18] See Guastini, *op. cit.*, p. 72.
[19] See Guastini, *op. cit.*, p. 71.

思考において根本規範の前提は必然ではない旨を明確に主張している。菅野博士は、「純粋法学にとって根本規範概念は不必要[20]」であると主張するが、その理由の一つとして、次のように述べている。

「……歴史的に最初の憲法は妥当する法規範であるという前提・想定は、実は、この憲法の妥当根拠をもはや問うことなくこの憲法を妥当する法規範として見なすという、法を認識しようとする者の態度決定であるから、こうした態度決定行為の意味が規範であるといえるかどうか既に問題であるが、それは措くとして、これを規範と見て歴史的に最初の憲法の妥当根拠であるというように説明するのは、この憲法の妥当根拠を問わぬとする先の態度決定と矛盾することになりはしないだろうか。……ひとたび歴史的に最初の憲法を妥当する法規範と見なすという態度決定をすれば、その人間にとって、この憲法と直接・間接の委任連関関係に立つ人間の意志行為の意味は法として認識可能となる。この態度決定、前提・想定自体を規範としなければならぬ必然性は別にないであろう[21]」。

このように、菅野博士は、実効的憲法を有効な法と見なす際に、根本規範の前提は法的思考上の必然ではないと主張するが[22]、その根拠

---

[20] 菅野喜八郎『論争 憲法−法哲学』(木鐸社、1994 年) 231 頁。
[21] 菅野、『続・国権の限界問題』、135 頁。
[22] 菅野博士は、『国権の限界問題』では、「筆者は、ケルゼンの根本規範という概念が憲法学にとって有用かどうか疑わしいと考える。もとより、正しく理解された根本規範は、我々の法認識の論理的根拠であって、これについて有用性を云々するのは当を得ないかも知れぬ。だが、法の認識論にとっては意味があっても、憲法学にとっては不必要ということもあり得るだろう」と述べた上で (223 頁)、「……彼〔ケルゼン─筆者〕は、或る国の『歴史的に最初の憲法』とは具体的に何を指しているのかは自明としているから、ケルゼンの根本規範は、複数の規範体系のどれが『歴史的に最初の憲法』であるかを判断するものではないし、また、

を、実効的憲法を有効な法と見なすという態度決定そのもの内に求めている。しかし、この論理は、そうした態度決定の意味を自己の都合の良いように結論先取り的に定義づけしているきらいがあるように思われる。

　土井真一教授の見解も、根本規範の前提なしで実効的憲法を有効な法と見なすことができる旨主張している。土井教授は、根本規範を「経験的実在として認識し得るものではなく、認識主体の思惟の形式の内に存する仮象[23]」であると特徴づけした上で、「憲法の妥当が前提とされれば、悟性の形式を空転させ、実在しない表象を作り出し、それを妥当するものと取扱う必要が、実定法学にあるようには思われないのである[24]」と述べている。しかし、根本規範がたとえ「仮象」――このラベル貼りが適切かどうかという点は措いて――だとしても、そのこと自体は、実効的憲法を有効な法と見なす思考において根本規範の想定が不用であることの根拠とはならない。また、単に「憲法の妥当性が前提されれば」、根本規範が不用であるという論理は、結局、思考経済的・結果論的不用論であり、法思考上の不用論ではない。

　以上に見たように、いずれの根本規範不用論も、根本規範の前提なしに実効的憲法を有効な法と見なすことが法思考上可能であることについて、十分納得できる根拠を提示していないように思われる。

　それでは、ケルゼンが言うように、実効的憲法を有効な法と見なす

　一般に、彼の根本規範論は実定法学に対し如何なる新たな認識を付加するものではない（…略…）。彼の根本規範が、その実は、実定法秩序の始発点ともいうべき『歴史的に最初の憲法』の客観的当為性、法規範性の想定にほかならぬ……。とすると、憲法学は、『歴史的に最初の憲法』の妥当性を前提すればそれで充分であって、特に根本規範について語る必要はないということになるだろう」と述べていた（同224頁）。

[23] 土井真一「H. Kelsenの根本規範論に関する覚書」法学論叢132巻1・2・3巻271頁。
[24] 同273頁。

際、根本規範の前提は必然（又は必要）であるだろうか。私自身は、この理論にさほどの違和感を覚えていない。改めて言うまでもなく、私にはケルゼン以上の説明はできないが、私なりにこの理論を支持する理由を説明すれば、以下のようになる。

　憲法は憲法制定行為の所産であるという一事をもってして、憲法の有効性判断と憲法制定行為の法的解釈は一体的不可分の関係にあり、両者は統一的整合的に行われるべきである。憲法制定行為の法的解釈を離れて、その所産である憲法だけを単独で有効と見なすのは、むしろ不自然な法思考である。実効的憲法を有効な法と見なすとは、実は、憲法制定者に憲法制定権が授権されていたと考えること、すなわち、憲法制定行為を「憲法制定者は憲法を制定すべし」という命題に基づく行為と考えることにほかならない。実際問題として、歴史的に最初の憲法（革命憲法）が実効的になったとき、事後的に憲法制定者に憲法制定権が授権されていたと見なすことは、少しもおかしなことではないように思われる。

　根本規範不用論は、憲法の有効性判断と憲法制定行為の法的解釈を分離可能であり、前者は後者と無関係に独立して思考できると考えている。それでは、その場合、憲法制定行為は法的にどう評価されるのであろうか。憲法制定行為は、たいていの場合、旧憲法に照らせば明白に違法行為である。根本規範不用論者は、憲法制定行為をそのまま違法と評価するのであろうか。もしそうであるならば、実効的憲法を有効な法と見なすことはできないであろう。憲法制定行為を違法と考える者は、必然的にその所産たる憲法の違法無効と主張しなければならない。一方で、憲法制定行為を違法であると考え、他方で、その所産の憲法を有効と考えるのは、矛盾である。もし憲法制定行為を違法と考えないのであれば、それは憲法制定行為を合法と考えていることになる。そして、合法と考える以上、そこでは、その判断の前提として、憲法制定行為に合法性を付与する規範、すなわち根本規範を想定

しているのである。

　根本規範不用論者は、憲法制定行為を違法とも合法とも解釈しないことは可能だと反論するかもしれない。しかし、憲法制定行為は、ある一定の時間にある一定の空間で現実に生起した人間行為である。それは、合法か違法かどちらかである。しかも、憲法制定行為が旧憲法に照らせば違法であることは、既に所与の状況となっている。これに対し我々ができることは、所与の解釈をそのまま受入れて憲法制定行為を違法と評価するか、それとも、それを覆して合法と見なすか、どちらかである。憲法制定行為は合法か違法かという法的質問に対し解答しないことは、法律家としては許されない。

　要するに、根本規範は、旧憲法に照らすと違法であるところの憲法制定行為を合法と見なすために想定されるものであり、この想定はその所産である憲法の有効性判断と一体不可分の関係にある、というのが私の見解である。

V　おわりに

　これまでの議論の結果をまとめると、こうである。

　第一に、ケルゼンは、根本規範の内容を、人に対し憲法に従うよう命ずるものとして定式化したが、それは、根本規範の性格と適合しないため、採用することができない。根本規範の内容は、「憲法制定者は憲法を制定すべし」というように、憲法制定者に憲法制定権を授権するものに修正されるべきである。

　第二に、代表的な根本規範不用論はいずれも、実効的憲法を有効な法と見なす際、法思考上根本規範の前提が不用であることについて、十分納得できる根拠を提示していない。むしろ法思考としては、憲法制定行為の法的解釈とその所産である憲法の有効性判断とは一体不可分の関係にあり、憲法制定行為の法的解釈を離れて、憲法だけを有効な法と見なすことはできないと考えるべきである。

最期に、根本規範論に関する別の問題についても、簡潔に触れておきたい。それは、そもそも実効的憲法を有効な法とみなすことは、存在（命題）から当為（命題）を導出するという不可能事を犯しているのではないか、という問題である。この問題は、本節の冒頭に紹介した根本規範に対する「ほとんど人口に膾炙した」批判、すなわち、「純粋性を標榜するハンス・ケルゼンの法理論が、その体系の頂点をなす根本規範のところで急に、『不純』になり、この一番肝心なところで破綻した」という批判に関係する。

　歴史的に最初の憲法（革命憲法）は、その創設時においては、それを制定した人間及び人間集団の主観的当為である。憲法に基づいて創設された法律や法律に基づいて創設された判決や行政行為は生まれながらにして客観的当為であるが、それは憲法や法律が客観的当為であることによる。しかし、歴史的に最初の憲法は、客観的に当為に基づいて創設されたわけではないから、生まれながらにして客観的当為であるというわけではない。それは創設された時点では主観的当為であるが、実効性を有することに至ったとき、客観的当為、すなわち有効な憲法になる。革命———「憲法の規定によらない憲法変更・憲法代置」———には、正統性の原則は適用不可能であり、実効性の原則が適用される（201-3頁）。この意味で、当為の実効性という事実が法を生成させるという法の性質は、否定できない。

　しかし、この性質を指摘することは、何ら事実から当為を導出するという不可能事を犯すことにはならない。当為の客観性とは、既に人間によって創造された当為の状態のことである。実効的憲法が有効であると認めることは、既に創造されている当為が客観的な状態にあることを認めることすぎず、何ら新しい当為それ自体を創造するものではない。したがって、実効的憲法を有効な法であると認めることは、何ら存在と当為の峻別論に反することではないのであり、そこには何の「不純」もないのである（第1章Ⅳ2参照）。

＜著者略歴＞
　小山　勝義
　　1963 年　　長野県長野市生れ
　　1986 年　　日本大学法学部卒業
　　現　在　　国家公務員（行政職）
　　著　書　　『八月革命説と日本国憲法成立の法的説明』(2004 年)
　　　　　　　『三文憲法学』(2008 年)

純粋法学雑感

2016 年 6 月 17 日　初版第 1 刷発行

　著　者　　小　山　　勝　義
　発行所　　ブイツーソリューション
　　　　　　〒466-0848　名古屋市昭和区長戸町 4-40
　　　　　　電話 052-799-7391　Fax 052-799-7984
　発売元　　星雲社
　　　　　　〒112-0012　東京都文京区大塚 3-21-10
　　　　　　電話 03-3947-1021　Fax 03-3947-1617
　印刷・製本　富士リプロ

©Katsuyoshi koyama 2016 Printed in Japan
ISBN 978-4-434-22021-0